凤凰师轩
FENGHUANG SHIXUAN

行知工程
教育探索者书系

书系顾问 张志勇
书系主编 齐　健

教育智慧何处来

一位特级教师的思考手记

JIAOYU ZHIHUI HECHU LAI
YIWEI TEJI JIAOSHI DE SIKAO SHOUJI

付立金◎著

江蘇鳳凰教育出版社
Phoenix Education Publishing, Ltd

图书在版编目（CIP）数据

教育智慧何处来：一位特级教师的思考手记/付立金著.
—南京：江苏凤凰教育出版社，2015.7
ISBN 978-7-5499-4970-0

Ⅰ.①教… Ⅱ.①付… Ⅲ.①教育—文集 Ⅳ.①G4-53

中国版本图书馆 CIP 数据核字（2015）第 107626 号

书　　名	教育智慧何处来——一位特级教师的思考手记
作　　者	付立金
责任编辑	刘丹丹　雷利军　张晓兰
出版发行	凤凰出版传媒股份有限公司
	江苏凤凰教育出版社（南京市湖南路 1 号 A 楼　邮编 210009）
苏教网址	http：//www.1088.com.cn
照　　排	润星之源文化有限公司
印　　刷	三河市华润印刷有限公司
厂　　址	河北省三河市杨庄镇杨庄村
开　　本	787 毫米×1092 毫米　1/16
印　　张	15
字　　数	222 千字
版　　次	2015 年 7 月第 1 版　2015 年 7 月第 1 次印刷
书　　号	ISBN 978-7-5499-4970-0
定　　价	30.00 元
网店地址	http：//jsfhjycbs.tmall.com
邮购电话	025-85406265,85400774　短信　02585420909
E - mail	jsep@vip.163.com
盗版举报	025-83658579

轴心的力量

9 月 28 日。

公元前 551 年 9 月 28 日，鲁国，今山东曲阜，孔子诞生。

那个时代，被 1900 年后的雅斯贝尔斯称为人类的“轴心时代”，在中国，有孔子；在古希腊，有苏格拉底；在以色列，有犹太教先知；在古波斯，有琐罗亚斯德；在印度，有释迦牟尼……

在中国，是因为孔子开启了一个时代，还是因为那个时代塑造了孔子？

雅斯贝尔斯是这样说的：“人类一直靠轴心时代所产生、思考和创造的一切而生存，每一次新的飞跃都回顾这一时期，并被它重新燃起火焰。自那以后，情况就是这样。轴心期潜力的苏醒和对轴心期潜力的回忆，或曰复兴，总是提供了精神力量。”①

这是一种力量。

马克思是这样说的：“个人怎样表现自己的生命，他们自己就怎样。因此，他们是什么样的，这同他们的生产是一致的——既和他们生产什么一致，又和他们怎样生产一致。”② 他批评“人是环境和教育的产物，因而认为改变了的人是另一种环境和改变了的教育的产物”这种学说忘记了“环境正是由人来改变的，而教育者本人一定是受教育的”③。

这是一种同一。

再论孔子，我们相信他能够给中华民族带来新的力量；再论孔子，我们相信人始终创造这个世界并与这个世界相一致。

（一）

有学者将中国大师（包括教育家）涌现的时代划分为三个阶段：春秋

① 雅斯贝尔斯．历史的起源与目标［M］．魏楚雄，俞新天译．北京：华夏出版社，1989.
② 韦建桦．马克思恩格斯选集（第一卷）［M］．北京：人民出版社，2012.
③ 韦建桦．马克思恩格斯选集（第一卷）［M］．北京：人民出版社，2012.

战国时期、宋明时期、民国时期，我们也可以循着这样的脉络追寻山东大地上的教育家，探访山东大地上的教育。

孔子是一位教育家，在文化思想领域给予他再高的地位和赞誉都不为过。然而，他并不是高高在上，而是在我们身边。他继承“三代”，积极“入世”，终生“为师”，儒泽“千载”。精神力量与实践基础相结合，延伸到文化与教育的血脉中。

探讨教育绕不过孔子，探讨山东教育要回到孔子。我们还是更关注作为教师的孔子：

子曰：“温故而知新，可以为师矣。”

子曰：“知之者不如好之者，好之者不如乐之者。”

子曰：“不愤不启，不悱不发，举一隅不以三隅反，则不复也。”

子曰：“有教无类。”

……

这不仅是教育的财富，更重要的是，孔子是一位教育实践者。他以育人为本：志于道，据于德，依于仁，游于艺。他编订教材：《礼》《乐》《诗》《书》《易》《春秋》。他寻觅教学方法：因材施教、循循善诱。他留给学生精神财富：仰之弥高，钻之弥坚，瞻之在前，忽焉在后。

孔子之后，在那个时代，山东大地上能够被历史作为教育家所记载的当属“亚圣”孟子和“劝学”的荀子。

孟子于孔子后百年出生，是战国时期伟大的教育家、思想家，儒家的主要代表之一，他与梁惠王、齐宣王两位大国君主的对话可以看作是他的教育实践，“仁者无敌”的思想展示无余，“经济政策”“仁政治国”“克制欲望”“人心四端”都是他所关注的：

——“恻隐之心，人皆有之；羞恶之心，人皆有之；恭敬之心，人皆有之；是非之心，人皆有之。恻隐之心，仁也；羞恶之心，义也；恭敬之心，礼也；是非之心，智也。仁、义、礼、智，非由外铄我也，我固有之也。”《孟子·告子上》

——“人之所不学而能者，其良能也；所不虑而知者，其良知也。”《孟子·尽心上》

……

战国时期山东大地上的另一位教育家荀子，他五十始来齐游学，长期在著名的稷下学宫任祭酒，留下了关于学习、修身的不朽篇章：

学不可以已。青，取之于蓝，而青于蓝；冰，水为之，而寒于水。木直中绳，𫐓以为轮，其曲中规，虽有槁暴，不复挺者，𫐓使之然也。故木受绳则直，金就砺则利，君子博学而日参省乎己，则知明而行无过矣。

故不登高山，不知天之高也；不临深溪，不知地之厚也；不闻先王之遗言，不知学问之大也。干越、夷貉之子，生而同声，长而异俗，教使之然也。《诗》曰："嗟尔君子，无恒安息。靖共尔位，好是正直。神之听之，介尔景福。"神莫大于化道，福莫长于无祸。

……

不仅仅是荀子，还有更多的大师曾在那个时代云集稷下学宫。稷下学宫，又称稷下之学，是战国时期田齐的官办高等学府，稷下位于今山东省淄博市稷门附近。齐宣王之时，在稷下扩置学宫，招揽天下名士：儒家、道家、法家、名家、兵家、农家、阴阳家等百家之学，会集于此，自由讲学、著书论辩，成为百家争鸣的时代标签。

在汉唐盛世，中国的政治体制、文化积淀都达到了时代顶峰，教育的发展随之呈现出蓬勃壮大的态势。在山东，叔孙通、匡衡创立了不可磨灭的教育功业，兰陵人王良曾"教授诸生千余人"；高密人郑玄"学徒常数百千人"，虽遭遇党祸被禁锢，仍设帐讲学达二十余年；而颜之推的家庭教育经典著述《颜氏家训》则更是被称为"古今家训以此为祖"。

宋代以来，封建制度面临着诸多新的问题，恰恰是这个时代，成为教育家涌现、教育创新探索的重要时期。北宋初年，山东出现了中国书院发展史上占有重要地位的泰山书院（有宋代"四大书院"之一之称）。

而泰山学派、泰山学院的代表性人物"宋初三先生"——"泰山先生"孙复、"徂徕先生"石介（泰安人）、"安定先生"胡瑗更是名冠一时的教育家。

其中，石介出生于一个"世为农家""豪于乡里"的聚族而居的大家庭，他"貌厚而气完，学笃而志大"，范仲淹也评价说"介刚正，为天下所闻"。后石介因丁忧回山东，躬耕于徂徕山下，以《易》教授弟子，从者甚多。鲁人敬重其学识风范，故因其所居之山，尊称他为徂徕先生。

石介有感于儒学的衰落，守制期间“以《易》教授于家”，名闻山东。景祐二年（1035 年）开始，石介在泰山聚徒讲学，并邀请学者孙复到泰山主持日常教学工作。孙复曾于景祐元年（1034 年）拜访过时任南京推官的石介，两人一见如故，互引为知己。接到石介邀请时，正是孙复人生最潦倒失意的时候：科举再次落榜，家贫以致无法安葬去世的父母。而到泰山教学，既能解决生活困难，又能实现自己振兴儒学、维护圣人道统的理想，于是就欣然接受了石介的邀请，由一落魄书生一跃而为书院主讲，开始了近十年的泰山讲学。景祐四年（1037 年），孙复、石介两人在泰山之阳建学舍，孙复名之曰信道堂，并作《信道堂记》：“予丁丑岁秋九月做堂于泰山之阳，明年春，堂既成，以是道处是堂，故名信道堂”，称其志在发扬尧、舜、禹、汤、文、武、周公、孔子之道。不久信道堂因故迁到泰山栖真观，规模扩大，建制逐步完善。康定元年（1040 年），石介作《泰山书院记》始称为泰山书院，说他“于泰山之阳起学舍构堂，聚圣人之书满屋，与群弟子而居之”并认为，孙复“上宗周、孔，下拟韩、孟”，尊其为泰山先生。①

“宋初三先生”开理学之先，具有极高的学界地位与教育意义，至今仍值得我们研究。

民国时期，大师辈出，从山东聊城走出去的教育家傅斯年就是其中最为杰出的代表。

在台湾大学，有一个傅园，是为纪念傅斯年而建。傅斯年不仅是历史学家、教育家，而且是五四运动的北大学生领袖、历史语言研究所创始人、北京大学代理校长、台湾大学校长，一生富有传奇色彩。

作为教育家的傅斯年，发表了《教育崩溃之原因》《教育改革中几个具体事件》《改革高等教育中几个问题》等若干文章，其思想择其要者，有以下几点：

考查一所学校成功与否，一要看学生是否有使用课本知识的能力，二要看能否把日常生活与课本知识联系起来。

教育不能独立，学校就不可能办好。政府的责任，一要确保教育经费的独立，二要保障校长和教师的地位，三要在教育管理上采用文官制。

① 吕建强．石介与泰山书院［J］．煤炭高等教育，2009，（6）．

教育之整顿，学风之改善，其关键皆自上而下，都不是自下而上。

学生大多数都是好的，政府只有“把教育部建设成一个有技术能力的官厅”，并选择有人品、有见识、有资望的人去当大学校长、教育厅长和教育局长，才能把学校办好。

傅斯年在代理北京大学校长期间，坚决拒绝“伪北大”教员继续留任，坚持“民族气节”“正是非，辨忠奸”，将汪精卫时期北京大学的教职员全部开除，学生学籍和学历都不承认，要先补习才能参加学历甄审入新北大。

1950年12月20日，积劳成疾的傅斯年突发脑溢血逝世。台湾大学为纪念傅斯年奠定台大发展基石，特地在实验植物园建造一座罗马式纪念亭，亭中砌长方形墓一座，墓前立有无字碑，修有喷水池。园中有兵工署捐赠的一口纪念钟，上面铸着“敦品、力学、爱国、爱人”8字校训。人们把台湾大学校园内的这个地方叫作“傅园”，把纪念钟称为“傅钟”。值得注意的是，这口“傅钟”每节上下课都会响21声，原来傅斯年有句名言“一天只有21小时，剩下3小时是用来沉思的”。

而今天，在山东大地上，教育事业正在以伟大的复兴之势在发展，素质教育的改革创新之路开始引领全国的教育改革路向，一大批名校、名师也在挥洒着自己的智慧和激情，承续历史、开创历史。

（二）

古往今来的山东教育都是以其文化内涵、大气磅礴而影响着时代的发展，透视历史，观照今天，我们能够找到山东教育可以提供的成功密码，提取出足以供我们思考、批判的价值力。

1. 本体是人：守望道德的高地

教育是人创造的。

“有两样东西，人们越是经常持久地对之凝神思索，它们就越是使内心充满常新而日增的惊奇和敬畏：我头上的星空和我心中的道德律。”这是康德《实践理性批判》中的一句话，也是康德的墓志铭。

在山东教育史上，从孔子的“克己复礼”、曾子的“三省吾身”，到孟子的“舍生取义”，他们当中的每一个人终其一生，无不在追寻心中的道德大义和民族未来。尽管说法不同，其中所蕴含的核心价值却都集中在对国家、对民族、对人类命运与前途的关注与担当上。

“会当凌绝顶，一览众山小。”当一个人占领了道德的制高点后，他眼前所呈现的不再是难以逾越的重重困难，而是一幅幅美好的画卷。此时，人的发展往往会创造出一个又一个的奇迹，伟人如此，常人亦然。让人参与，学生和教师成为行为主体，这是先验性的要义。

在马克思恩格斯的理论中，我们不仅到处可以看到人，而且可以看到的是人的发展，哲学理论和教育理论的前提是对人的回答。在这里，人是实践中的人，是在实践中获得发展的人，离开了实践，只限于精神层面是不能够获得真实的发展的，而且，即便是精神层面的发展也是与实践过程紧密相连的。不仅如此，人类的知识、智慧都是由人所创造的，在传递、继承人所创造的知识与智慧的过程中，人必然会与其具有“此岸性”，会与这些知识和智慧处于“一致”的状态，学习是内化的，不是外铄的。

从教育的价值和意义来看，教育也是一种经历，没有生命的经历和历练就没有教育发生，这就是教育的过程本质。现实的经历是教育的一部分，而作为人类创造的文明成果，往往存在于精神和历史的层面上，很多时候和学生的人生体验不一致，教育的作用就在于创造这种一致性，让人的发展与人类的成果形成一致。

2. 先知先行：实现于自我超越

先知先行者，从古至今。

今天，在教育改革的道路上，山东省的许多地区、学校、教师走在了全国的前列，已经进入了一个比较高的境界，在长期的探索和实践中积累了许多富有启发意义的宝贵经验。区域如潍坊，用教育部基础教育二司司长郑富芝的话来说，叫作“山东经验，潍坊模式”；学校如青岛二中的自主发展，青岛三十九中的特色发展，临朐海尔希望小学的课程建设，利津北宋一中零作业背景下的改革；教师如王岱、刘建宇、张利平、王冬梅……

教育发展，教师是关键。作为教育管理者，应从不断提高教师的幸福指数和职业认同感入手，让每一位教师在快乐中工作，最大限度地激发教师的工作积极性和主动性，最大限度地发挥出每一位教师的智慧和潜能。

根据美国著名心理学家马斯洛的需求层次理论，让人感到受尊重和能够自我实现，才能从内部激发发展的欲望。作为教师，教学在其人生中占有相当大的比重。要让教师生命更有意义、更快乐、更幸福，在各个阶段始终保持生命的激情和活力，就必须把教师引领到研究的路上，让教师成为思想独立的研究者。

教育管理部门、学校校长只有创造机会让每一位教师都成为好教师、名教师，并给这些好教师、名教师不断创造更大的舞台，教师们才能真正体验到自我价值的实现，才会不断寻找更高的发展定位，由此带来的是一个区域、一个学校会充满朝气蓬勃的发展活力。简单地说，一定要让好教师、名教师有出路！

3. 敬畏规律：教育与人的双重肯定

今天，更多的学校、教师走在教育探索的路上。

“蓬生于麻，不扶而直。”在适合自己的教育里，学生才能够快乐地茁壮成长，才能够成为一个具有良好的身心素质、科学头脑、广泛兴趣、创新能力以及笃实、守信、和善、包容的人。这样的人才培养方式最根本的一点是敬畏教育规律。

规律在哪里？当然不是寻找真理式的论断来供奉，不是停留于表面上，而是在于将自己认可的有益于教育发展、有益于学生的事情做出来。规律不仅仅是大道理，是哲学思维，是心理学前沿理论，而是关注学生的阅读，丰厚学生的人生底蕴；关注学生的视野，联通整个信息世界的力量让学生面向整个世界；关注学生的能力，让学生在操作中获得一生必备的创造力。

校长有教育家的情怀，教师有教育家的智慧，每一位创立自己教育业绩的实践者理应都是具有哲学思考力的，是敬畏天地、敬畏人道而敬畏规律的。

《中庸》中说：“故君子不可以不修身。思修身，不可以不事亲；思事亲，不可以不知人；思知人，不可以不知天。”“修身”一事，是从“天道”“人道”“亲缘”“孝道”化解而来，因为没有更高远的境界，单纯的行动是没有好的结果的。

这就是人本思想，“人本”是思想，也是规律吗？为什么不是呢？

孔子从没有把人失落了，于是他不在意争执，而在意作为。在他的教育价值取向中，学科是人的学科，教学是人的教学，社会、政治、经济也是人的社会、政治与经济，这才是规律。

历数千年的教育传统，最值得称道的还是对学生的关注，无论是宏观教育体系的发展、学校教育价值的延伸，还是学校内部课程建设、教学实践、学生指导，山东教育以学生的自主、主动、超越自我的学习为核心，这也是他们无限切近于规律的必然取向。

今天，在齐鲁大地上，一批名校长、名师正走在教育改革与发展的实践探索之路上，与时代一起成长。他们的执着，他们的成功经验值得敬畏，留取下来构成我们对教育新的探索与尝试，这就是这套书系的初衷。

我们愿意与老师们一起切地行走，在教育的芳草地上寻找面向未来的种子。

齐　健

目录

Contents

第五章 有效课堂——教师课堂观思考

第六章 自主高效——教学模式思考

第一章

人文关怀
——学校文化思考

现在的教育重视学科教育、重视题目研究，学生、家长、教师一天到晚研究题目以期学生在考试时取得高分。教育变成单纯的知识传授，这是很可悲的。学校应该重视文化，从根本上改变这种状况。

第一节 什么是学校文化

学校文化是什么？简单地讲，就是全体师生共同的价值观、共同的信念与追求。它能让师生自觉自愿地投身于学校的各项活动中，并积极地影响家长和周围的人，从而形成一种无形的力量，推动学校与个人的成长。学校文化是所有学校都不可或缺的，它是学校发展的精神支柱。失去了它，学校就无法规范师生，也就很难形成整体向上的合力。

一、学校文化的三个层次

学校文化分为三个层次：校园文化、制度文化、精神文化。校园文化强调校园环境对师生潜移默化的熏陶与感染；制度文化就是建立人性化的管理制度和措施，这些制度和措施必须与学校办学理念相一致，必须有利于教师和学生的发展；精神文化是学校的核心价值观，表现为学校的办学理念、办学思想。精神文化是学校文化的灵魂，包括对教育意义和教育功能的理解，对人才、教育质量标准的看法（人才观、质量观）等。学校的办学理念只有明确、具体，才能被广大教师认同并变成自己的行动目标，学校才能逐步形成自己的办学特色。

二、我校的学校文化

治学严谨，人文关怀，创新激情，儒雅风范，诗性世界，理想追求，健康精神……构成了我校学校文化的灵魂。

学生围坐在桌前，三五成群，切磋研讨，交流学习心得。灯光照在挂有格言名句的墙壁上，为教室增添了一片宁静、一股活力。图书馆里，东南隅摆放着一架三角钢琴，西北隅是一排放着中外名著的低柜，靠椅两两相对，听着钢琴曲，翻阅着中外名著，感受着闲暇时光。校门口迎面是“人”字形雕塑，象征学校进取向上的风貌。学校四幢大楼的名字分别为礼贤楼、丁香楼、图书楼和白果楼，体现着学校的文化底蕴。学校环境将自然之美与人文之美、现代文明气息与传统文化底蕴有机结合，使学生时时处处都感受着学校文化的魅力。

有一次我到图书馆借书，两位清洁人员正在擦门框上的灰尘，我问她们为什么连这里也要擦得这么认真时，她们说：“为老师们服务不能马马虎虎啊，我们把环境打扫得干干净净，老师们才能舒舒服服读书，这样他们才能更好地教学生。”——为教师服务、为教学服务的观念成为学校职工的自觉行动，这就是学校文化。

一位50多岁的教师任年级组组长，带两个毕业班的课，而且是高三班主任，带着五位青年教师。我说：“您这么大年纪了，还坚持搞作文改革，还兢兢业业工作，真令人钦佩。”他说，一个老师，如果认为年复一年就只教那几本书的话，他的生活没有多大意义，他的心就会很快衰老。——工作和科研成为教师的自觉追求，学校的发展目标被教师接受，并化为他们的主动追求，这就是学校文化。

在和一位校长谈到师生关系时，他说出这样一段话：千万不要对学生轻言“这个问题太容易”。如果你告诉一个学生某件事很容易，而他又不能做到时，他得出的唯一结论就是他肯定很笨，即使做到了也没有什么值得骄傲的。如果你告诉他这件事很难，但你坚信他一定能做到，当他做不到时也不会失去自信。如果做到了，对他来说是多么值得自豪的一件事。一个人有了成功的信念还怕做不好吗？——我思索着校长的话，这不就是以人为本的体现吗。教师以学生为本，这就是学校文化。

第二节　学校文化管理构想

学校文化管理与其说是一种管理，不如说是一种期望、一种无声的要求，或者说是一种境界。它侧重于体察师生的内心，能最大限度地调动师生的生命激情，使学校真正成为师生的精神家园，但这需要管理者在精神上、情感上以及个人发展上对每个人都予以关怀。学校文化管理需要通过具体的管理策略来引导教职工提高思想水平，促使每个人在自觉的层面上不断完善自己、超越自己。

一、突出物质关怀

物质关怀可以通过两方面来体现。

一方面，学校的景点要关注历史。大到校园雕塑，小到室内插花，学校一系列硬件的配置并非越新潮越好，更不是越多越好，而是要关注学校的历史，与学校的传统相吻合。要使学校的一景一物都记录着学校的点点滴滴，如一段历史、一段人文佳话，将学校百年的人文精神体现在一系列的景点之中。

另一方面，学校的物资分配要关注师生。比如，给每位教师配备笔记本电脑，这是一种物质资源的配置，但其中体现着学校的人文关怀：为你提供信息时代最丰富的信息，为你提供技术时代最便捷、最先进的手段。早晨给教师提供一袋牛奶，下午给教师送一个水果，其中蕴含着这样的关怀：老师，您辛苦了，请您喝完牛奶后开始一天的工作；请您下午时补充一点营养。如果教师把这些作为一种单纯的福利行为，那就说明这种物质文化的内涵没有被接受，教师的精神内涵则有待提高。

二、加强文化建设

学校要充分使用“引导”与“激励”两个杠杆，将教师的认识与学校的发展目标统一起来，实现教师“他律”向“自律”的转变。

首先，建构制度文化，以保障管理规范有序。“制度文化”不等于制度，而是指人们制定、对待制度的思维方式与执行制度时的情感体验。没有健全的制度的管理必定不是好的管理。但有了健全的制度的管理就一定是好的管理吗？未必。我们会发现这样的现象：规定可以随时变，甚至根本就不起作用。因此，有人觉得制度没用，还是领导说了算。可见，制度文化很重要。因此，我们一方面要追求规章制度的完善，另一方面要重视执行制度时的公平与公正。

其次，丰富师生精神文化内涵，以实现个人目标与学校目标的统一。丰富师生的精神文化内涵可以通过培养几个“意识”来进行。一是责任意识。作为学校群体中的一员，不管是学校领导、教师、职员还是学生，任何人都有建设、维系学校文化的责任，要树立为学校而自豪的观念。二是传承意识。一所学校的文化需要一代代师生的传承，全体成员以自己的言行、价值观、信念、气质和精神延续着这种文化。学校要组建教师梯队，实现老、中、青优势互补，弥合年龄、学识造成的隔阂。三是吸纳意识。作为学校成员，还应该注意借鉴其他学校的学校文化及其他优秀文化，并与本校文化有机融合。提倡教师为学校管理献计献策，参与到学校管理中来；学校领导者要广开言路，集百家之长，创一家之新。

最后，推行“三自”管理机制，提升教师的专业素养。“三自”管理包括：自我激励，通过建立档案袋，帮助教师完成阶段目标的评估与调整，让每位教师都能够体会进步、感受发展、激发热情；自我约束，通过教育沙龙、备课组活动及其他途径的相互交流，提高教师的反思能力，在教师队伍中形成自我反思、自律自主的发展态势；自主建设，在共同价值取向一致的基础上，年级组、教研组及教师个体能够发扬个性，形成百花争艳的发展格局。

基础教育改革的实质是重构学校文化。这种文化一旦转化为全体师生的行为，便会成为一种追求、一种激励、一种规范。因此，关注学校文化发展，也就是关注学校的可持续发展。这是一个历久弥新的话题。

附

一段尘封的历史，一个伟大的灵魂

2010年教师节，中国工程院院士麦康森在考察青岛市第三十九中学（以下简称“青岛三十九中”）时，在听到白刚勋校长汇报学校正在挖掘办学历史时指出，学校挖掘办学历史的做法意义深远，挖掘历史就是擦亮历史，能让历史闪光。作为培养了诸如唐国强、倪萍等众多知名艺术家的青岛三十九中，它的历史应当被重视、被挖掘。我们回望学校的历史，找寻它的灿烂，发掘它的内涵，发现它培养的翘楚。当我们在这座历史宝库中发现了令我们兴奋而又自豪的宝藏时，一种油然而生的使命感涌向心头。今天的青岛三十九中人该如何保持这份荣耀，如何发展这种光华，已成为我们的历史责任，我们任重道远。

有一种崇高叫珍惜，有一种伟大叫发展。

时间回溯到20世纪50年代初，中国的政治家们没有停止他们创造历史的脚步，他们在大力发展经济的同时没有忘记教育这一推动人类社会进步的高端武器，决定在全国创建工农速成学校，使从来没有和文化打过交道的劳动模范、战斗英雄和普通百姓开始他们崭新的生活。

青岛作为全国重点大学——山东大学（后迁至济南）的所在地，理所当然地成为首选之地。在这种背景下，1952年，青岛三十九的前身工农速成中学诞生了。一位令所有知晓他的人都扼腕长叹的人物随之出场，他就是华岗——山东大学工农速成中学的奠基人、第一任校长。

华岗（1903—1972年）又名华延年、华西园，笔名林石父、晓风、方衡等。华岗为中国共产党早期革命家、编辑、哲学家、史学家、教育家，1955年受诬陷被捕入狱，1972年不幸去世。

人们评价华岗，说他是一个坚强不屈的共产主义战士，一个学识渊博的马克思主义学者，一个卓有建树的大学校长，同时又是政治家、美学家、文学家。特别值得一提的是华岗所著的《中国大革命史1925—1927》一书，华岗是大革命的亲身经历者，他的这部著作给人以身临其境之感，较全面地总结了大革命的历史经验教训，展现出一幅波澜壮阔的历史画卷，成为当代人写当代史、革命家写革命史的范例。华岗夫人谈滨若回忆说：“当时

20多岁的华岗写出《中国大革命史1925—1927》，此书立即在党内和社会上广泛流传。许多人比如林默涵、许涤新等就是看了这部书走上革命道路的。”1928年，华岗赴莫斯科出席中国共产党第六次全国代表大会，将相关资料存留在上海一位同志家中，及至半年后回国，苦心孤诣搜集的材料已完全丢失，只得从头再来。

华岗还翻译了《共产党宣言》，华岗译本采用伪装本的形式，书名为《宣言》。今天的人们是很难想象高中未毕业的华岗是凭借怎样的毅力和信念，克服怎样的困难和障碍完成《共产党宣言》的翻译工作的。华岗译本首次将该书附加的三个德文版序言一起译出，成为中国共产党成立后出版的第一个中文全译本，它第一次将全书的结尾句译成“全世界无产阶级联合起来”这一响亮的口号，这应该是具有极为重要的历史意义的。可以说，在《共产党宣言》的中国传播史上，华岗占有十分重要的地位。

在当时，一所普通中学能够有像华岗同志那样既有丰富的革命经验又有学识的人担任校长，是十分罕见的。那个年代，学校中大多数师生对马列主义毛泽东思想一知半解，华岗校长以在学校广场上做报告的形式，先后系统地讲授了“社会发展史”和“辩证唯物主义”两门课程。他上台讲课从不带讲稿，只有一个提纲，讲起来却条理分明，深入浅出，能理论联系实际，具有很大的说服力。他才思敏捷，口若悬河，一讲就是3个多小时。当时，青岛市几百名干部都排着队来旁听华岗的课，真是盛况空前。华岗就是用他扎实的理论修养、出口成章的才华宣传马列主义，使广大师生心悦诚服地接受新理论，自觉地学习马列主义，提高了思想觉悟。华岗校长对学术的研究、对知识的传播为青岛三十九中的发展奠定了良好的基础，树立了良好的风气。

华岗不仅具有深厚的理论素养，而且具有卓越的领导才能。但是，他从来都不摆架子、说空话，他不仅实实在在，还透露出几分憨厚。1954年春，《文史哲》和《新山大》创刊3周年，在青岛咖啡馆举行了隆重的招待会，到会200余人。招待会费用全部由华岗个人出。这还不算，就连晚上京剧晚会的剧团招待费也全由他一人出资，他的理由总是那么简单：节约公款开支。这恐怕无论是在当时还是在今天都是不多见的。

无冕大师王崇修

王崇修鲜为人知，唐国强、倪萍、赵娜、王绘春、张山、陈好等家喻户晓的明星，正是这位鲜为人知的王崇修老师一手培养出来的。倪萍曾经深情地说过，她从青涩女孩成长为明星，离不开当时在青岛三十九中任教的王崇修老师的精心培育。

怀着敬仰和好奇之心，我和韩磊老师去拜访了王崇修老师。虽已是杖国之年，但王老师的精神很好，声音洪亮。寒暄之后，王老师就讲起了以前的事。她讲起从前，就好像讲起昨天才发生的事情。从王老师深情的回忆中，我感受到了王老师的伟大与崇高，一个老人提到她教的学生时如数家珍，对学生上学时的小事、工作经历和后来的发展几乎脱口而出，这让我汗颜。

谈得最多的当然还是她的得意门生。王老师给我列了一个她在担任青岛三十九中宣传队指导员期间，考入文艺院校的学生名单，密密麻麻足足列了两页纸，共76人。

1. 雨中真情

20世纪六七十年代，在中小学教育中，虽然时代和政治色彩比较浓厚，但各个学校的文艺活动十分丰富。60年代末，王崇修老师到青岛三十九中担任政教主任，组织起了学校话剧队。由王崇修编剧、著名表演艺术家唐国强主演的话剧《知识青年下乡来》获得了极大成功，在青岛市演出50多场。王老师回忆："有一次去李村演出，我们还在赶路，突然一场大雨，使那条本来就坑坑洼洼的路更难走了，我们坐的车颠簸得非常厉害。国强他们几个孩子晕车，脸色煞白，可还是咬牙说没事。"说到这，王老师的眼里闪着泪光，"就这么坚持了一路。下了车，也顾不上休息，彼此鼓了鼓劲儿就奔上了台。虽说那天下雨，可来的人坐满了整个剧场，孩子们一看，精神头儿更足了，表现得格外出色。他们谢幕的时候，掌声响了很久。"

演出结束后，王老师跟学生留下了一张珍贵的合影。照片里，年轻的老师站在孩子们的身后，张开双臂，轻轻拥住身边的几个孩子。我仔细端详着照片上那些稚气未脱的孩子们的脸，端详着扎着两根长辫子的年轻的王老师，觉得岁月正从我的手上缓缓流淌。

2. 关爱与回报

提起王绘春，人们就会想起德高望重的孔子（《孔子》）、不愠不火的八王爷（《雍正王朝》）等一个个鲜活的银幕形象。20世纪70年代中期，王绘春考入青岛三十九中，由于他品学兼优，天生英俊魁梧，很快就被校宣传队看中。学校许多老师认为，担任班级干部和数学课代表的王绘春努力的方向应该是考取名牌大学，如果参加宣传队一定会影响他的学习。但是王崇修老师慧眼识英雄，给了他很多机会，让他主演和参演了很多话剧。也就是在这时候，王绘春在表演方面的天赋逐渐展示出来，年轻的他也慢慢地爱上艺术这个行当。王绘春回忆往事时说，第一年话剧队汇报演出，王老师就让他独诵。他心里害怕极了，王老师却相信他一定可以。王老师对他说过："最好的朗诵，是自己不流泪，而观众流泪了。"王绘春表演完，王老师走过来告诉他，自己一直在观察台下观众的反应，好几位男士都在流眼泪。

著名主持人倪萍毕业于青岛三十九中，是王崇修老师最得意的学生之一。一说起倪萍，王老师的话匣就打开了。王老师说，20世纪70年代中后期，是青岛三十九中艺术教育最辉煌的时期，那时的确培养和锻炼了一批文艺人才，他们都是品学兼优的学生。当年青岛三十九中组织过一支庞大的文艺宣传队，王崇修老师担任宣传队指导员。这个宣传队不仅有话剧队，还有舞蹈队、合唱队、曲艺队和器乐队。演出时，连人带道具要拉几卡车。后来这五个队合并成了一个综合性的文艺宣传队。1976年，倪萍转学来到青岛三十九中读初中三年级，并担任学生会干部、团支部书记、校宣传队队长。王老师说，至今，她最喜欢的学生仍然是倪萍。"倪萍是一个非常严谨、非常热情、非常善良、非常认真、非常直率的人。"王老师说倪萍个子高，不适合跳舞，因为是综合性宣传队，演员都要一专多能，所以倪萍也得参加舞蹈演出。排练舞蹈时，倪萍很刻苦，后来竟练得全身疼的睡觉时上不去床，需要她妈妈把她抱到床上才行。

王老师说，成名后的倪萍每次回青岛都会到她家，缠着她带自己去演话剧。1995年，青岛三十九中的开学典礼邀请了唐国强、倪萍等人参加。接到王老师的邀请电话，倪萍立即答应了，并立刻定了当天回青岛的机票。可是天公不作美，北京下起了罕见的暴雨，飞机因此停飞。心急如焚的倪萍在机场给王老师打来电话："您放心，不管怎么样，我一定会回母校参加开学典礼的。"在约定的时间里，倪萍准点出现在学校。后来，王老师才知道，为了赶次日最早回青岛的班机，倪萍没有回家，就在机场等了整整一晚。倪萍对王老师的感情很深，每次回青岛都会去看王老师。她结婚那年，还带着丈夫去王老师家做客。倪萍生了孩子，也第一时间告诉王老师。

3. 鼓励与倾注

改革开放以后，已经退休在家的王老师又被青岛三十九中返聘回学校，主要管理学校的艺术团、话剧队，王老师总能看得到每个学生的长处和缺点，并给予指导。王老师经常让学生周末到家里上课，而且不计报酬。现在想想，那间小客厅就像一个舞台，不知从中走出了多少明星。著名演员王静说，她考大学时拿着王老师帮她选的朗诵文章，心里很没底。考试的前一天晚上，王老师居然把电话打到她家，让她在电话里朗诵了一遍，读完后王老师说："你就这样去，肯定没问题!"她顺利过关，事后她才恍然大悟，那个电话是老师在鼓励她。1980 年，解放军艺术学院全国招生，在山东省只有 4 个名额，当年山东省考入解放军艺术学院的 4 名学生中 3 名是王老师培养的学生，王老师创造了一个奇迹。

采访时，我提到了 1997 年考入中央戏剧学院表演系的陈好。王老师说："我发现陈好是在 1993 年，记得有一次我在少年宫看其他学校的孩子表演小品，其中表演《躲雨》的一个男孩和一个女孩表演得特别好，也特别放松、特别自然。于是打听这两个孩子在哪个学校读书。后来发现那个女孩考上了青岛三十九中。在青岛三十九中我看中了 4 个孩子，其中就有当时演小品的女孩，这个女孩就是陈好。到了青岛三十九中以后，陈好报名去了舞蹈队，但她又特别喜欢话剧表演，我也希望她能在话剧表演上有所成就，所以后来我就动员她来了话剧队。"在话剧队里，陈好十分努力，她的表现也很出色，因为有舞蹈功底，所以她的舞台表演基础十分扎实，毕业后顺利地考入了中央戏剧学院。在陈好备考的一段时间里，王崇修老师更是在她身上倾注了全部的精力：买不到理想的表演道具，王老师便在上课之余自己动手一件一件做。现在陈好每次回青岛都会去看望王崇修老师。师恩深如海，陈好没有忘记老师对她的培养。

在王崇修老师看来，艺术教育是人的一生中不可或缺的基础教育之一。

表演是一门特殊的艺术，学习表演能锻炼人的意志，特别是能提高孩子的心理素质，这是艺术教育的特殊性决定的。王崇修老师说，从表面上看，学习表演的孩子形体协调能力较强；深入地讲，表演可以让孩子情感丰富，具有同情心，更多地去爱别人和帮助别人。表演从本质上说是一种二度创作，它不限于模仿，还能更多地激发孩子的创造力和想象力，以及他们对事物的理解力和表现力。所以，表演是一种综合素质的锻炼。

在访谈过程中，我一直被王老师的人格魅力所感染，在近3个小时的对话中，王老师始终像学者一样娓娓而谈。王老师培养了这么多明星，但她从来没有因此自傲过；她谈到那么多学生，我没有听到一句对学生严厉苛刻的负面评价，这就是一种境界，一种让所有人为之动容的境界。

我曾经想，什么样的人才可以称之为大师？现在我想，王崇修老师就是大师，是无冕的大师。

第二章

和谐尊重

——师生关系思考

和谐的师生关系是教育生产力，建立和谐的师生关系是教育产生效能的关键。要构建和谐的师生关系需要师生互相信任、互相尊重，教师不仅要有爱心，还要讲究方法。

第一节　构建和谐的师生关系

随着社会的不断发展和进步，传统的教育观念严重阻碍了教育的发展，阻碍了学生的发展，因此在新课程背景下建立和谐的师生关系对学生的身心发展显得尤为重要，我认为，和谐的师生关系是教育生产力，建立和谐的师生关系是教育产生效能的关键。

一、提出构建和谐师生关系的背景

有人这样形象地比喻师生关系：师生关系就是物理学中的电路适配器，相同的教育条件、教育对象，通过一定的师生关系配置，或许能爆发出强烈的教育能量，产生积极的教育效益；或完全相反，产生短路，使学生厌学。

教师只有懂得如何和学生沟通，如何满足学生的需要，并引导学生懂得如何满足教师的需要，师生之间建立相互信任、相互尊重、相互接纳的关系，才会使学生对教育活动产生兴趣并乐于接受。反之，在师生关系中，如果学生感到自卑，觉得被同学嘲笑，觉得自己不被信任、不被理解，那么，无论是怎样的课程，他们也不会产生学习的热情。

就目前来看，家长的抚养方式是扼制孩子的冲动，容易把孩子教成压抑情感、迎合成人需要的人；到了学校，教师就是权威，学生只能听老师的。这压抑了许多孩子的个性，违背了教育的真正目的。要想使我们的教育对象成为具有自尊心、自信心和上进心的人，成为有个性、有创造力的人，这就需要师生之间建立一种平等和谐的关系。

我曾问过著名特级教师钱梦龙一个问题："为什么您上课时总是那么热情，您在课堂上总是那么幽默?"他想了想，回答说："因为我喜欢学生，学生也喜欢我。"这句话给了我很大启发。是的，教师教学成功的奥秘，其实都藏在一个简单的道理中，那就是和谐的师生关系。

美国一位著名的教育家花了几十年时间，从 9 万名学生心目中喜欢的教师调查中概括出受学生欢迎的教师的 12 个特征，孩子们生动地描述了这些特征，其中有三点是这样的：(1) 友善的态度，“她的课堂有如大家庭，我再也不怕上学了”；(2) 尊重每一个学生，“她不会在他人面前狠狠训斥我”；(3) 宽容，“她装作不知道我的愚蠢”。

由此不难发现，新型的、最佳的师生关系，其核心应该是和谐的、平等的，它强调师生双方真正的平等、沟通和理解。

二、如何构建和谐的师生关系

1. 摒弃教师即权威的观念，在相互尊重信任的基础上开展教育教学

师生关系要向平等融洽转变，让学生感受到平等。教育教学中，和学生平等相处，才能充分调动学生的积极性。在课堂上，面带微笑的启发、一句“请坐”等，都能拉近教师与学生的距离，使学生对回答问题多几分自信和渴望；在课下交往中，要平等对话，要尊重学生，以人格魅力感染学生。师生在平等交往过程中，能把彼此的情感投入教与学的活动中，使教与学的活动在轻松愉快的氛围中正常、积极地进行。教育的目的就是让学生成为受到尊重的生命个体，就是让他们成为幸福的人。

2. 让爱成为和谐师生关系的一种需要

古人说：“亲其师，信其道。”陶行知说：“捧着一颗心来，不带半根草去。”师爱如水，涓涓细流。教师不但要有较好的修养、渊博的知识，还要有一颗爱心。不爱学生的老师，很难在教育教学中有所作为。爱其实是一种力量，它支撑着教师和学生为着一个共同的目标前进。

爱与责任乃师德之魂，没有爱与责任就办不好教育。这就要求教师应做到以下几点。首先，对全体学生负责，公正平等，对所有学生一视同仁，关心、热爱每一个学生，从每个学生的不同特点出发，全心全意教育学生。其次，对学生全面发展负责，不仅要关注学生的学业，也要关心学生的情感、态度、价值观；不仅要关注学生的学习，也要关注学生的生活、健康、品德和习惯。再次，对学生终身负责，对学生以后的发展负责。

3. **良好的沟通技巧是构建和谐师生关系的基础**

教育是打开心灵的钥匙，关键是一把钥匙不能打开所有的门，每个人都需要一把特制的钥匙。在教育的过程中要想打开所有的门，就必须对他们有更多的了解和发现。学生的生活经历不同，心理需求也不同。每个人都是某方面的千里马，只是没能遇到发现他们的伯乐。所以教师要多关注学生，了解他们的不同需要，这样才能有的放矢，帮助他们获得成功。

构建和谐的师生关系有赖于教师良好的沟通技巧。首先，掌握说话技巧。语言是沟通的主要方式之一，是教师对学生施行教育的重要手段。俗语说："会说说人笑，不会说说人跳。"说话方法决定了人们彼此间的沟通顺畅与否。教师在与学生沟通时要注意多鼓励学生，多使用平等的语言。其次，适当批评。批评是一种教育手段，它必须针对学生的错误或问题，而不能针对学生本身。在日常生活中，学生能敏感地感受到教师的期待、鼓励或不满，并能做出积极的反应。因此教师要运用好批评这一教育手段。另外，对学生要多肯定，少否定；要接纳和尊重学生，以学生为中心，自始至终站在学生的角度看问题，设身处地为学生着想，积极充当道德示范者、学习组织者、潜能开发者、研究参与者、生活指导者、行为矫正者、心灵抚慰者等。教师要努力做到：理解其处境，体谅其困难，关心其冷暖，正视其缺点，关注其价值，肯定其努力，鼓励其追求，支持其抉择，满足其需求，扶持其决定，尊重其人格，期待其成长。教师与学生真诚的沟通，可以使师生在精神和感情上更加接近，从而增进师生感情。最后，要学会倾听。学生说话时，教师要注意其说话的心境、内在含义，注意其感情及变化，并做出积极的反馈。认真倾听学生说话，可以加深师生双方的理解，减少误会和冲突，增进师生感情。

素质教育、新课改带来的是教师教学观念和教学方法的转变，教学观念的变化带来了师生关系的变化，21 世纪呼唤和谐的师生关系，我们应更新观念，树立平等意识，让师生之间绽放和谐之花。

附

成长中的美丽

尚笑雨

在我的教师生涯中，有一个女孩让我终身难忘。

女孩最初引起我的注意是因为课堂上她总是没有课本，而且连续不交作业。无论我是警告还是训斥，都无济于事。我分明感到她明亮的眼睛里闪着一股聪明劲，这样的孩子应该成绩优异才对啊！可无论我怎样做，女孩始终不跟我交流，状态也没有好转。无奈之下，我把女孩的妈妈叫到了办公室。

听我说完女孩的情况，女孩的妈妈告诉我：女孩从小就有自闭倾向，希望我不要放弃她的孩子。

听完后，我感到深深的自责，我后悔自己为什么还没有了解情况就批评她。之后，对这个女孩，我有了更多的耐心和宽容。

慢慢地，女孩开始和我交流了，脸上的笑容也越来越多，成绩也越来越好。而且，回家跟妈妈的交流也越来越多，我感到很欣慰。

但很快我发现，事情不是这么简单，一段时间后，女孩又恢复了以前的状态，成绩也开始下滑。我试了很多种办法，收效都不大，这时已是高三了。

放弃就意味着前功尽弃，我不甘心，面对她痛苦的妈妈我也不忍心！家长会上，谈到这个女孩的情况时，我说："都说母爱是伟大的，在这位孩子的妈妈身上，我感受到的更多的是母爱的艰辛和执着！"家长会后，女孩的妈妈给我发来短信："千言万语化作一句谢谢！您对孩子的爱护并不亚于我这个妈妈，希望孩子长大后会铭记在心，希望在您的帮助下，她能一直努力向前。再谢恩师！"

教育是一项良心工程，这条短信让我对这句话体会更深。我开始每节课都提问女孩一直坚持到高三的下学期，女孩的成绩开始提高了。我看在眼里喜在心中，同时也不敢松懈，除了在课堂对她多多提问我还给她分析考前的情况，分析她的优势与劣势，以帮助她提高成绩，就这样一直坚持到了高考。

高考结果出来了，她考得不错，大家都松了口气。接到大学通知书那天，女孩打电话给我："尚老师，我想请您吃饭，以表达我对您的谢意！"我欣然赴约。

端起酒杯，女孩明亮的眼睛里有些湿湿的东西在闪动："尚老师，为了我，您辛苦了，第一杯酒我敬您，真心感谢您！"得体而流畅的话语从女孩嘴里说出的那一刹那，那个有些自闭的女孩惹我生气的镜头伴着激动的泪水一起涌出！治疗孩子的良药就是爱啊！耐心的等待和执着的付出，让我收获了幸福！

后来，女孩和我的女儿成了好姐妹。大学开学后，她给女儿发来一条短信让我热泪盈眶："告诉咱妈，我在这里很好，希望她身体健康。欢迎你和咱妈假期到这里来玩！"

成长是一件缓慢而美丽的事，我们要耐心些。教师应该有耐心，从容等待花开，无论开得早还是开得晚，我们都静静等待吧！于是，我更庆幸自己当初的耐心和等待，也更安心于自己始终的执着和付出！

甘做绿叶

倪蕴佳

诗人泰戈尔说过："花的事业是甜蜜的，果的事业是珍贵的，让我们干叶的事业罢，因为叶总是谦逊地低垂着它的绿荫。"在我心中，教师的事业犹如叶的事业，每天默默奉献，无声耕耘。进入青岛三十九中后，我也骄傲地踏入叶的行列。

第一次和学生相处是为期一周的军训。还记得2010年9月，阳光是那样火辣、无情，操场上军训的学生不一会儿就汗流浃背了。担任副班主任的我也不例外。这让刚刚走出校园的我心中顿生委屈，想偷懒到树荫下休息一会儿。但是，望着早已被学生喝空的水杯，看着学生满脸的汗水和干裂的嘴唇，我犹豫了。接水处在操场的另一端，每到休息时总是挤满了学生。高强度训练让他们身体疲惫，我何不去给他们打水呢？于是，骄阳下我一次次奔走于操场两端，为他们把空杯接满。学生喝着水幸福地说，这水有点甜。一周后的军训典礼上，当学生意气风发地走过主席台，露出花儿一般的笑容时，我也深深感到这幸福属于他们，也属于我！

平凡的绿叶虽没有红花的绚烂，却也有自己的幸福。都说"90后"的学生是幸福的、任性的，他们生活在一个物质发达的社会里，但就是这样一群孩子时常感动着我。有一次作文题目是《××，我想对你说》，班里的一个女生写了一篇《爸爸，我想对你说》。通过作文我才知道，原来这个如此阳光的女孩，三岁时父母离异，从那以后就再也没有见过自己的父亲。母亲由于工作原因常年居住在外地，年幼的她一直跟着姥姥、姥爷生活。她在作文中对多年不见的父亲吐露了心声："爸爸我不想你，因为我的记忆里没有你。但是，当我看到别的孩子撒娇地拉住爸爸的手时，我发现自己也是一个需要父爱的孩子……"当女孩在班里深情阅读自己作文的时候，我听到了其他学生的哽咽声，看着他们默默地拭去脸上的泪水，我为拥有这样一群善良的孩子感到幸福，我愿意和他们一起分担，陪他们一起走过这青葱岁月！

叶的事业是平凡的，但平凡的事业同样也可以收获伟大。传授给学生真知时，我收获了；带着学生走出困惑后，我收获了；打开一扇紧闭的心窗时，我收获了……班里有一个男生坐在最后一排，总显得有点胆怯。他是一名来我校借读的学生，因为成绩落后于其他同学，所以十分不自信。我自己高中时期也曾经在外校借读过，深知其中的困扰，于是我决定帮他树立自信。我开始关注这个男生，发现他上课听讲十分认真，这说明他是希望进步的。我通过阅读他的周记发现他对《三国演义》颇有研究。于是我做了一个大胆的决定，在讲完《赤壁之战》后，让他给同学们讲一节"我眼中的《三国演义》"。听到我的想法时，男孩有点吃惊，也有些迟疑。我鼓励他："没事的，你认真准备，我可以帮你。"终于到了男孩展示的时刻。那一天，当男孩自如地演绎三国风云时，台下的学生目瞪口呆，演讲完后雷鸣般的掌声是对他最大的认可。从那之后，每一次考试他都在进步，也慢慢自信起来，这对我而言是最大的幸福。

2011 年的教师节，我因为家中有事请了假。到了快放学的时候，我手机突然响起来，原来是班里的学生。"老师，我们找你一天了，真想当面对你说一声'节日快乐，我们爱你'！"这就是我的幸福，甘做绿叶，却满是幸福！

第二节 构建平等的师生关系

特级教师李吉林的《情境教育的诗篇》一书的关键词是情境教育、尊重、激情。

情境教育强调让学生到实际生活中去观察，到具体情境中去感受，这就把教学与实际生活紧密地联系起来。在情境教学中，学生身处具体情境中，可以眼看、耳听、鼻闻、手触，通过各种感官吸收信息，从而获得生动的形象，丰富了知识，激发了情感，学到了活的语言。李吉林老师在情境教学中所创设的情境，特别是以图画、音乐、演示和语言描绘来设置的情境，大都有意识地粗略一些、简易一些，为学生留有广阔的想象天地，使学生在"求异"想象中不断迸发创造性。综观李吉林老师的教学实录、教案设计，我发现她总是充满情感地进行教学，总是想方设法促使学生带着纯真的情感参与学习活动，以保证教学任务高质量完成。

一、尊重学生

情境教育的基本思想就是尊重学生。受李吉林老师影响，我认为要想点燃学生的学习激情，就要尊重学生，在课堂上，每一个学生都不应受到歧视，每一个学生都应被公平地对待。在课堂上，对于在班级这个"小社会"中处于不同位置的学生群体，比如"干部"与"群众"、男生与女生、学优生与学困生等，都应得到尊重。

美国教育学家爱默生说："教育成功的秘诀在于尊重学生。"没有人有资格去否定另一个人，每个人都有存在的价值，虽然我们经常用自己的价值观去判断别人，但是一颗尊重之心可以避免我们错得更多。教育的底线是不伤学生的自尊。的确，尊重比关爱更重要。

因为有微笑，才有尊重；有尊重，才有爱；有爱才有教育。教育就是一棵树摇动另一棵树，一朵云推动另一朵云，一个心灵震撼另一个心灵。教育者要尊重、爱护学生，把爱的细流、赏识的甘露洒向学生，让学生如饮甘醇、如坐春风，将快乐根植于内心。每位学生都是一株花，快乐就像花开，当其开放，不但用美丽装点自身，而且把芳香传到四方。只要我们心中装有快乐，幸福就像月光一样会毫无保留普照我们的心田。爱生活的人，总在享受生活；爱教育的人，哪里都是教育。孩子的心灵是一块神奇的土地，播上思想的种子，就会有行为的收获；播上行为的种子，就会有习惯的收获；播上习惯的种子，就会有品德的收获；播上品德的种子，就会有命运的收获。要教育学生把珍藏在心底的善良的部分凸显出来，不让“爱心”冬眠，用教师的爱心唤醒学生心底热情的火焰，让学生都生活在阳光之中。

二、充满激情

提高学生学习兴趣的另一大法宝就是教学激情，在教学中，教师要使每一个细节都体现着教学的生命之花——情感，可以说投入情感是语文教学成败的第一要素。

教师应该有丰富的情感，以自己的情感去影响和带动学生。可以想象，一个没有情感的教师，是无论如何也不能让学生全身心投入学习的。没有激情的课堂，就没有真正意义的语文教育。如何让教师从沉闷、刻板的教学程式中解脱出来？如何让学生从练习、考试、分数的枷锁中解脱出来？如何提高语文教学的效率？这些问题一直是困扰语文教研的难题，也是语文教育工作者关心并着力加以解决的问题。“人创造环境，同样环境也创造人。”营造诗意的语文学习氛围，让语文课充满诗意，让学生在诗意的环境中唤起对美的感悟和渴望，这是一种多么美妙的境界啊！情境教育真真正正在课堂上为学生营造了一个诗意的氛围。教学是师生情感的互动，富有诗意的教师形象必然会激起学生富有诗意的情感回应，学习便能洋溢着浓浓的情趣。

我认为教育成功的因素有三点：以形生情，以情激情，以辞表情。苏霍姆林斯基说过：“薄情会产生冷漠，冷漠会产生自私自利，而自私自利则是残酷无情之源。”所谓“情动而辞发”，就是情感教育与语文学习的关系互为因果：情促语，语酿情。如果朗读教学不激发情感，则朗读没有韵味；而朗读绘声绘色，入情传神，则能进一步陶冶人的情怀。情感在学生学习语文的过程中不仅是手段，也是育人的目的所在。通过情感，我们可以丰富学生的精神世界，那个世界是美的，是灵动的。

我们在努力追求一种境界，即教师在课堂上有激情、有活力，这样学生学习语文才有兴趣。教师在教学时充满激情，才能促使学生主动求知和探索，促使学生在激情充溢的语文课堂里，享受着快乐和成功。

附

收获真情

蓝修芬

喜欢和学生相处的日子，看似平淡，却很温馨。每天，和学生一起品读课文，交流思想，或平静或激昂都是一种享受。

时光流逝，看似无痕，殊不知真挚的情感却在师生间慢慢沉淀。

时间过得真快，一晃就到了初二。还有两周就期中考试了，我准备今天下午给两个班讲讲前天的试卷。

下午第一节课，我正在办公室备课。电话铃声响起，是付主任。“马老师在吗?”我说：“不在办公室。”“那你过来一下。”

“肯定是帮马老师传达什么事情。”我想。到了教导处，付主任很严肃地说有事要说。什么事这么严肃?

“学校决定让你教初三。”“什么?”“仇老师生病了，初三五班、六班需要语文老师。”“那我现在的这两个班怎么办?”“先让其他老师代课。”

似乎没有商量的余地。

我有许多顾虑：孩子太小，需要太多的精力；老人不久前摔伤了腰，需要照顾；好几年没教毕业班了，知识都生疏了；我正教的两个班，已经有感情了；中途接班难度大，而且马上要中考了……

想来学校也是别无他法。

接下来的两节课，看着教室里的学生，想着以后不能再和他们一起学习交流了，心里很舍不得。

周五的晚上，一夜难眠。

周一的早晨，走进初三的教室，看着教室里一张张陌生的面孔，想着要重新认识两个班的学生，重新熟悉教材，而且马上就要中考了，我感到压力很大。

接下来的一周，我的情绪波动很大，心中难以平静。

原来教的学生在猜测中过了两天。为了稳定原来班里学生的情绪，我不停地向他们解释只是暂时代初三的语文课！

给初三上课的第三天，我原来的学生——孙裕和于增凤到办公室来找我："老师，你什么时候回来教我们？"弄得我眼泪都快掉下来了。

后来郭振艺同学也来找我："老师，很想你。什么时候代课结束呀？"

感动，却只能批评他："怎么这么晚还不回家？赶快回家！"

中午在食堂吃饭，原来教的学生车一行坐在我面前，有点哽咽地说："老师，你该回来了吧？别不教我们啊！"

我说："教不教你们没关系，你可以在食堂和我聊天啊，有问题随时都可以找我。"

真是难熬呀！没想到这竟然给学生带来这么大的影响！但愿他们的学习别受影响。

一天在走廊，突然被谁从后面抱住了，原来是我之前带的学生。这些可爱的姑娘！

又过了几天，原来班的课代表给我送来一个盒子，里面放着十几封学生写给我的信。我用颤抖的手打开一封封信：

"爱生活，爱自由，爱感动，温柔、宽容、落落大方，不是什么圣人，更不是什么传奇，您只是我们永远的蓝老师！"

"蓝老师！我们等你回来！"

"请蓝老师放心，我们一定认真学习，不用担心我们的成绩。希望初三的时候，我们再相见。"

……

我再也控制不住内心的感动，任眼泪流下来。

他们真诚的举动，实在令我感动。感谢学生的真情！

时间是最好的治愈。随着教学工作的深入，我波动的心绪慢慢平复了。想起了苏轼的《水调歌头》："人有悲欢离合，月有阴晴圆缺，此事古难全。"

这次中途教初三事件，伤感之余，亦怀着一份欣慰与感谢。欣慰自己一年多真诚的付出没有白费，不仅授予学生知识与做人的道理，也培养了师生间真挚的情感。感谢这次变化，让我真切地感受到学生的一片真情。当然，也有忧虑：面对新环境、新学生，而且中考时间紧迫，不知道自己能不能顺利地走过。

不过，我相信，一切都会好起来的！我会用自己的爱，用自己的耐心与执着，陪他们走过初三，共同成长。

第三章

幸福成长
——教育观思考

我们的孩子唱着“幸福在哪里”，却在成长的过程中渐渐被带离幸福的园地。他们曾经有过关于幸福的梦想，却被父母或教师的期望加以改造，梦想愈发伟大，幸福却变得渺茫。实现梦想是人类最美丽的梦想，没有梦想或失去梦想是一件很可怕的事。作为教师、家长该怎样看待孩子的人生价值、梦想与成功呢？我认为，尊重孩子的梦想、让孩子一生幸福，就是最大的成功。

第一节 规划个人教育生涯

我觉得，我只适合教学。我的世界里不能没有学生，我的生命已经和讲台连在了一起……

我是一名从贫困乡村里走出来的农家子弟，一名毕业于中等师范院校的普通教师。从一个乳臭未干的“中师”生走上了山东省重点中学的讲台，在近30年的教学生涯中，我的内心涌动着不息的激情，在三尺讲台上演绎出令人惊异的绚丽风景。我先后获得了全国优秀语文教师、山东省教学能手、山东省特级教师、青岛市学科带头人、青岛市青年教师优秀专业人才等多个荣誉称号。

我多次代表山东省参加全国中学语文课堂教学大赛。有一次我选了一堂高中作文课，课题设计为“作文联想能力训练”。新颖独特、大胆超前的教学设计，激情飞扬的讲授，博得了阵阵掌声。课刚讲完，听课的老师就把我团团围住，向我要教案。在这次高手如林的教学大赛中，我获得了一等奖。

有位教师这样问我：“这节课，你准备了多长时间?”我笑了笑，用教育家苏霍姆林斯基的一句话做了回答：“这节课，我准备了一辈子……”

一、立志做一辈子教师

1985年7月，我从师范院校毕业了。我永远不会忘记第一天到乡村小学报到时那神圣而温馨的一幕：白发苍苍的老校长端坐办公桌前，金色的阳光映照着桌上的两种水果——桃和李子，意喻桃李满天下。那一刻，“一辈子当教师”的誓言在我内心深深地扎了根。

带着火一般的热情和对教师职业的向往，我走上了讲台。当时，有朋友多次劝我参加记者招聘、干部招考，甚至还为我报了名。有的单位听说我在校时是文学社社长，发表了不少作品，便想让我去当秘书……但这些都无法改变我的初衷。我在日记中写道："我觉得，我只适合教学。我的世界里不能没有学生，我的生命已经和讲台连在了一起……"

刚毕业那年，我在学校担任语文、数学、自然、音乐、体育、思想品德等学科的教学工作，并任班主任。工作之余，我还完成了大学中文专科、本科的学业。

1988 年 7 月，青岛市平度第一中学（以下简称"平度一中"）校长力排众议，将我调入百年名校平度一中从事高中语文教学工作并担任班主任。事实证明，老校长的选择是正确的。

在平度一中的十多年中，我多次带毕业班。从 1990 年到 1994 年曾连续担任高三毕业班的语文教学工作，创造了学校当时连续教毕业班的记录。我所教班级的语文高考达线率都名列青岛市前列。

2000 年 10 月，我被调入省级重点高中青岛市第九中学，在青岛市第九中学我担任班主任和备课组组长，带领 3 名刚毕业的青年教师和 2 名老教师经过三年努力，在 2005 年高考中，所带班级的成绩位居青岛市榜首，担任班主任的班级一本上线人数居全校第一。

2005 年 7 月，我调入青岛三十九中任教。几年来，我所教的班级语文成绩一直位列青岛市前列。

这些年，整天忙忙碌碌的我让周围不少人大惑不解："这样玩命地工作，你觉得值吗?"我淡淡一笑："既然选择了做教师，就注定了不得空闲。我觉得，工作着就是幸福着。"

回顾这 20 多年的学习和工作，我用几个三级跳概括了自己的经历。学历三级跳：中师、大专、本科；单位三级跳：乡村小学、县城中学、都市名校。现在我在为第三个三级跳做着精心准备，从合格教师、优秀教师向专家型教师跳跃。

二、做一名合格的教师

给学生一滴水，自己要有一桶水。

1991 年 11 月，在高中工作仅 3 年的我就获得了平度市优质课第一名的成绩。但是，我所承受的压力也更大了。为了练就一口标准的普通话，我一遍遍练习发音，一个音节一个音节纠正；为练一手漂亮的粉笔字，我自制了一块小黑板，写了擦，擦了又写。凭着一股“勤”劲儿，我写下了80多万字的阅读笔记，业余时间努力学习，取得专科和本科毕业证书；凭着一股“恒”劲儿，我写下了20多万字的教学后记，完成了100多篇课文的板书；凭着一股“韧”劲儿，我剖析了50多位特级教师的成功秘诀，聆听了无数节名师的课……我如饥似渴地学习，不断完善自己、超越自己。

在充实自我的同时，也在成就着我的学生，尤其是在完善学生健全人格方面。

当我看到许多学生沉湎于低俗的文化中，甚至心目中的偶像是希特勒时，我的心一下子沉重起来，我意识到了问题的严重性。于是，我从“日本细菌战”讲到“南京大屠杀”，从“德国纳粹集中营”讲到“犹太人种族灭绝”，又讲到高雅文化能提升人的品味，而低俗文化只能给人带来感官享乐。每每讲到动情处，我激情飞扬；讲到痛心时，我扼腕叹息……

我觉得作为一名教师，除了教给学生知识，还应该塑造学生的灵魂。我要努力做一名合格的教师！

一个大胆的设想形成了——实施“三名工程”，即“诵名诗，读名著，学名人”。让学生走近名人，感悟经典，与历史交流，与高尚对话，从而丰厚学生的人文底蕴，使学生的心灵充满阳光！

我的辛勤努力和良苦用心是值得的，我赢得了学生的尊敬与爱戴，收获了一种“以心灵感受心灵，以感情赢得感情”的快乐。

我曾收到了一封特殊的信——来自我原来所教的学生——一颗大大的红心里，签着全班56名学生的名字，下面写着一句话：“老师，回来吧，再给我们上课，哪怕只有一节！”每当想起这句话，我都泪如泉涌。

三、做一名学者型教师

“要做就做最好的，做一名学者型教师。”这是我坚持不懈的追求。

广博的知识、坚实的功底，为我再次超越自我打下了基础，我开始向更高层次的教研教改迈进。

我先后主持并参与了关于目标教学、创新写作、以学为主等课题的实验与研究，均取得了突破性进展和重大理论成果。我大胆将接受理论引入教学中，摸索总结出一套“接受教学”的新模式，以此执教的公开课《作文中的联想》获奖，据此写出的系列论文发表在《中国教育报》《语文报》等报刊上，引起了有关教育人士的广泛关注。

在很多高中语文教师为如何上好语文课而苦恼时，在诸多学生、家长大声疾呼语文教学全面改革时，我已悄无声息地进行了大胆的探索和尝试，走出了一条自己的语文教学之路。

评价名言佳句、即兴演讲、实话实说等是我的课堂上的常规训练项目，是我在研究学生心理、分析语文教学特点的基础上精心设计出来的。讲新课之前给学生几分钟时间，让学生针对某一事物或事件进行简单介绍、评论或讲演，不仅活跃了课堂气氛，使学生从课间休息的放松状态进入课堂角色中，也满足了学生渴望表现自己、赢得大家认同的心理，同时促使学生自学，提高了学生的演讲能力，可谓一举多得。

带着知识走向学生，只是“授人以鱼”；带着学生走向知识，才是“授人以渔”。我探索的“三自原则”：自设目标、自制学案、自我测评，就是要实现“授人以渔”的教学境界。

我选择一些篇目，引导学生自己创设学习目标，并让学生依据自己的学习情况制订学习方案，进行自主探究的研究性学习，最后让他们对学习过程进行自我测评。

学生自制学习方案，有的从问题入手，有的从背景资料入手，精心导入，构思巧妙。自我测评更给了学生查漏补缺的机会，学生根据自己的实际情况选择适合自己的题目，从难易程度到内容的把握，均由学生自己决定。

这样就避免了学生盲目接受教师的检测，不能真实反映其知识掌握程度的弊端。教师只要给学生自主学习的权利，为学生提供展示自己的舞台，学生的潜力就能得到最大限度的发挥。

为适应新课改的要求，我又探索出了“以学为主，自主创新”五步教学法，即“提出问题，激疑诱趣；自读交流，整体感知；品味欣赏，感悟积累；质疑问难，求异创新；归纳概括，拓展延伸”。在2003年山东省教学能手大赛中，我以此种教学法执教《荷花淀》并博得满堂喝彩，受到省教研室高度评价和教育界广泛关注，我也因此获得山东省教学能手、青岛市学科带头人等荣誉称号。

教学之余，我在各类报纸杂志上发表了40多篇教研论文，主编或参编10余本教材和教学指导用书。同时，我还先后为全国、省、市、区提供公开课和观摩课40余节，主持参与了国家级课题研究工作。

磨砺与积累，使我的教学艺术日臻完美。我把枯燥难懂的教研教改理论融入每一课的课堂设计中，逐渐形成了自己独特的教学风格。教育专家曾对我的课做出这样的评价："课堂设计，出人意料；课堂语言，饱含激情；课堂气氛，其乐融融。每次听课，都如坐春风，是一种艺术享受。"

我的课让学生如醉如痴，我的爱让学生与我难舍难分。从外地讲课归来的晚上，我直奔教室，全班学生燃起一支支蜡烛来欢迎我，还把"想您，在分别的每一个日子里"写在黑板上，表达对我的思念。那时，一种充溢全身的幸福让我久久不能平静，我暗暗告诉自己："学生是我的最爱，我要像对待自己的孩子一样对待他们!"

四、做一名学生敬佩的导师

在20多年的从教生涯中，我大部分时间担任班主任，为师、做人都不着痕迹地影响着学生。总结自己20多年的教育人生，可以用一句话概括：用心做教育，立志当一名教育家。

班上的一名学生由于从小与姥姥生活在一起，长期缺乏父母的关爱，纪律观念淡薄，沾染了一些坏习气。经过几次谈心，我发现该生也有闪光点：重情义，爱打抱不平，头脑灵活，人缘很好。我觉得这是一块难得的璞玉，只要教师不吝真情与耐心，就一定能把他打造好。于是，我的"雕琢工程"开始了。

我首先动员该生竞选班级的纪律委员。该生当选后，很长一段时间乐观自信，认真履行职责，起到了很好的带头作用。但江山易改，本性难移。有一天，该生又与人发生了冲突，当我把他领到办公室时，他倔强地不说一句话，一副破罐子破摔的样子。我没有立即批评他，而是递给他一篇从报纸上剪下的文章——《宽容与忍让》，便一言不发地做自己的事去了。他冷静下来后，认识到了自己的错误，并向我保障以后不会再犯，希望我能监督他。我高兴地答应了。在之后的学习、工作中他渐渐改掉了恶习，最终变成了教师认可、同学佩服的好学生。

教师的工作是琐碎而平凡的，但许多看似平常的事，却时时拷问着为人师者的灵魂。有一年刚开学不久，我班的学生马涛因父亲下岗、母亲有病，无力缴纳学杂费，刚入学就想退学。我了解了他的情况后，先替他交纳了学费，之后又积极争取，使马涛在校期间的学杂费被全免。高一下半学期，我又替他争取到每年3000元赞助以帮助他完成学业。我的行为在马涛的心中打下深深的烙印，这个平时不苟言笑、过早经历了太多生活苦难的孩子，从那以后像变了一个人，变得乐观开朗，在校期间努力学习，最终考上了大学。心血的注入，让这个懵懵懂懂的孩子对人生有了新的思考。

“您的爱如丝丝春雨，自然地下，悄悄地洒，无声地滋润着我们的心田；您的知识如无形的磁场，把我们深深地吸引，让我们步步走进您浩瀚的心海。”学生在周记中这么描述他们心目中的付老师。听到学生这样说，我感到很幸福。

“付老师对我们真像对待自己的孩子一样，不，比对自己的孩子还好。”朱桂贞如是说。现已是崂山区教研员的朱桂贞曾是我的学生，她常常说没有付老师就没有她的今天。高二那年她不想读书了。经过我三番五次地劝说，她终于回心转意，在我的监督下努力学习，最终考上了曲阜师范大学。

我常说的一句话是：“作为教师，做任何事情都要尽力做好，你失败了，对你个人来讲只是失败一次，对学生来讲可能就是失败一生。所以，我觉得教师没有权利不努力，因为你的学生可能因为你的过失而贻误发展时机，那是莫大的罪过。”

“不了解学生，就无法教育好学生，为学生终身发展奠基就成了一句空话。”这是我在青年教师培训会上多次强调的一句话。

有一次，我的同事在批评一名违纪学生时，突然被该学生推倒在地。这可是一个公认的好学生呀，怎会做出如此举动？据这名学生讲，当时只是因为一时心情烦躁，就采取了过激的行为，事后学生承认了错误。从这件事我意识到学生的心理健康教育迫在眉睫。

这件事之后，我在校长的支持下在学校建立了第一个心理咨询室，我在通告中写道：“只要你愿意，这儿就是你心灵的港湾。不管风雨有多大，我们将一起走过。”最初，学生并不相信心理咨询会对他们有帮助，于是我主动到各年级去讲座，凭借对学生的了解，对学生的爱，我投其所好，因势利导。渐渐地，学生开始以书信、电话等方式向我咨询心理问题。对待每一个问题，我都耐心细致地做答，用自己的所学为学生解疑释惑。

学生小磊学习基础较差，在班上52名学生中名列倒数第四名。眼看要进入高三了，他很着急，不知道自己该怎么做才好。抱着试试看的态度他来到咨询室，经过我的细心点拨，小磊茅塞顿开，不仅获得了战胜困难的勇气，也学会了如何调整自己的心态，如何改善自己的学习方法。小磊创造了一个奇迹：在高三的一年中成绩直线上升，出人意料地考上了重点大学。“没有迈不过的坎，没有战胜不了的困难。”我常常这样给学生打气。

在20多年的班主任工作中，我探索出一套分阶段、分层次教育学生的方法。高一主要抓行为习惯养成进行集体主义教育，在班级开展“推荐良好习惯”活动和“习惯细节决定一切”等主题班会，帮助学生学会做人。高二进行意志品质、理想信念教育，通过对人生观的讨论使学生树立远大理想，并敢于正视挫折，挑战困难，超越自我。高三进行心理健康和社会责任感、使命感教育，让学生了解国内、国际形势，激发学生报效祖国的责任感和使命感；针对学生的各种心理问题，建立心理健康档案，并及时在学生中开展心理健康教育，使每个学生都拥有良好的心态和健全的人格。

教育事业要求教师把全部的爱和全部的精力都奉献给学生。有时候，我感觉教育就像一片广袤无边的麦田，我就像一个幸福的农夫，在希望的田野上拾捡沉甸甸的麦穗。

第二节　家庭教育思考

家庭教育对孩子的未来与人生有着决定性影响。一个孩子从出生，到长大成人，犹如一棵小树需要阳光雨露才能长大成材。

家庭教育，就是无条件为孩子的成长提供阳光与雨露。

家庭教育，就要从接纳孩子开始，从尊重孩子开始，从信任孩子开始，让孩子在愉悦、快乐的家庭环境中健康成长。

依我所见，当前的家庭教育需要家长无条件接纳孩子，更多地去了解孩子，了解孩子的想法，既要接纳孩子的优点，也要容忍孩子的缺点。孩子只有在和谐的家庭氛围中才能获得自信，才能在自信中不断成长，才能成就精彩的人生。在此，我想探讨的是如何接纳孩子，开展家庭教育，即分析孩子的个性特征，以此为依据进行家庭教育，培养孩子的自信以及良好的行为习惯，为他们的人生起点打下良好基础。

孩子的健康成长、习惯养成、性格塑造、个性发展都需要以良好的家庭教育为基础。家庭教育首先需要一个良好的家庭环境，在这一环境中父母的关爱、尊重、信任、平等与民主，是帮助孩子形成良好个性、高尚品格的重要因素。每一个孩子出生伊始都是一张白纸，父母就是画师，父母要努力在这张白纸上画出充满阳光的成功人生。而这一切的基础，都需要从无条件接纳孩子开始。

一、无条件接纳孩子的意义

父母进行家庭教育时，无条件接纳孩子，是为孩子提供一个尊重、友好、和谐的家庭环境的重要条件。无条件接纳意味着在家庭教育中，要向孩子表达关爱，让孩子懂得无论其行为如何、是否犯错误，无论是成功还是失败，父母永远都会伴随在他身边，尊重他、关心他、支持他、鼓励他。

孩子必须被自己生命中最重要的人所接纳，被自己周围的环境所接纳，这样他才能获得健康成长的环境。而且从某种程度上说，父母的接纳是孩子一生幸福的基础。在家长无条件接纳孩子的过程中，要用尊重、信任和欣赏的眼光去看待孩子，这样会给孩子带来幸福感与满足感，孩子才会每天快快乐乐地生活、高高兴兴地学习，会朝着父母所希望的方向成长、发展，从而最终成长为对社会有用的栋梁之才。

此外，父母无条件接纳孩子，会给孩子带来安全感，会帮助孩子在心目中树立起一个正确的自我形象，从而更好地适应并接纳不断发展变化的社会环境，为未来的社会发展做出自己的贡献。

二、无条件接纳孩子的内涵

父母对孩子的爱是无条件的。孩子从出生之日起就沐浴在父母的关爱中，对于孩子来说家庭就是一个安全岛、避风港，是一个为孩子而营造的空间。每当孩子在成长中遇到困难、挫折或委屈，父母的无条件接纳都会成为孩子前行的动力，成为孩子信心的源泉。无条件接纳孩子，意味着父母在日常生活中，要对孩子做到无条件尊重、无条件欣赏、无条件鼓励。

1. 无条件尊重

尊重孩子是无条件接纳孩子的开始，也是家庭教育的首要原则。尊重孩子首先要做到不溺爱孩子，同时要教导孩子尊重父母。在日常生活中，要做到尊重孩子，就要让孩子在做每一件事之前充分表达自己的想法与意见。孩子表达想法的时候，父母要专心倾听，认真对待。孩子只有感受到了被尊重，才会敞开心扉，与父母进行交流。

在国外的家庭教育中，尊重往往是儿童教育的重要方式。在美国，父母很讲究对孩子说话的口气和方法，美国父母往往会弯腰认真倾听孩子的话，让孩子感受到父母对他的尊重；生活中他们也不违背孩子的意愿对其施加压力或强迫孩子做某件事，而是给予孩子爱护、关心和尊重，让孩子感受到自己就是一个独立的个体，有着自己独立的意愿和个性。美国父母在维护孩子的自尊心方面的做法，非常值得我们学习与借鉴。

2. 无条件欣赏

孩子就像一棵需要沐浴阳光的树苗，需要父母的欣赏与培养。对孩子而言，父母永远是其最值得信赖、最可靠的人，所以他们很看重父母对自己的态度。

父母是孩子的启蒙老师，只有父母持久的欣赏，孩子才会形成良好的心态与性格，才会乐于接受父母的教导与培养。在现实生活中，父母的欣赏可以是多方面的，而且不应该停留在某一个方面，比如分数。当孩子自觉完成作业后，父母可以对其表示欣赏；当孩子观看了英语视频后，父母也可以对其表示欣赏；当孩子独立自主完成某件事后，父母同样可以对其表示欣赏……孩子会在父母的欣赏中，慢慢体验到自己的价值，从而激发积极向上的信念。

3. **无条件鼓励**

父母都希望自己的孩子是一个自信、乐观、积极向上的人，但就像树苗一样，要长成真正的栋梁，还需要充足的阳光和水。要想让孩子成长为一个自信、乐观、上进的人，需要在生活中不断对其进行鼓励。比如，孩子有整理房间的行为时，父母可以鼓励他："我发现你今天整理了房间，使房间焕然一新。做得真棒!"孩子主动把地板拖干净时，鼓励孩子："我觉得你是一个爱劳动、讲卫生的好孩子。"孩子在他人面前有积极的表现时，鼓励孩子："你真棒，爸妈为你骄傲。"父母要在生活中时刻注意孩子的积极行为与表现，对其每一次好的表现都应以适当的方式给予鼓励，要让孩子在每一次好的表现之后，都得到来自父母的赞赏与鼓励："爸妈真为你感到高兴!"并告诉孩子努力是为了自己，而不是为了取悦他人。

三、如何做到无条件接纳孩子

1. **接纳孩子，父母要扮演好自身的角色**

家长在孩子的生命中同时扮演着不同的角色。首先是孩子的生身父母，为人父母的职责就是供给孩子吃、穿、住、用、行，然后关爱孩子，保障孩子的健康成长，这主要体现在物质上。其次是充当孩子的教化者，教导孩子做人、做事的道理，将孩子培养成拥有良好品格与高尚品质的人，这主要体现在精神上。父母要担当教育孩子的职责，需要培养其良好的生活习惯与思想品格，通过接纳孩子、欣赏孩子、鼓励孩子，完成对孩子的社会化教育。

当前社会中，家庭教育出现问题的根本原因，在于家长作为一个教化者，未能进行科学的、人性化的家庭教育。不少家长在教育孩子的过程中不能正确接纳孩子的缺点，一看到孩子有各种缺点，就对其进行批评，而不是通过欣赏和鼓励，教导孩子将缺点慢慢改进，乃至转化为优点。由于对孩子的不足与缺点缺乏接纳的基础，加之教导方法欠缺科学性，一旦遇到孩子的缺点或不足，家长在言语上就很难做到对孩子尊重、信任与欣赏。据相关调查显示，半数以上的家长不完全接纳孩子，家长注重接纳孩子的优点，而在潜意识中把孩子当作一个完美的人，不能接纳孩子的不足与缺点。对孩子身上的缺点进行过多的批评，而不帮助孩子扬长避短，是如今家庭教育中最常见的方法，也是最错误的方法，现实生活中将近九成的家长是这样做的。

2. **接纳孩子，父母要科学认识孩子的缺点与不足**

父母是孩子最早接触的至亲至爱的人。不管孩子是天资聪颖，还是智力迟缓；也不管孩子是乖巧伶俐，还是调皮捣蛋，父母都应该无条件接纳他们，这样才能使孩子找到成长的动力。

在现实生活中，孩子是一个独立的个体，既有好的一面也有不足的一面，而大多数父母更愿意接纳孩子好的一面，不愿接纳孩子的不足与缺点。但是，作为父母，作为孩子最信赖、最亲近的人，我们要无条件接纳孩子，无论是孩子的优点还是孩子的缺点，我们都应接受，然后再通过科学的家庭教育慢慢培养孩子。正所谓“金无足赤，人无完人”，父母必须明白“是金子总会发光”的道理，科学认识生活中孩子的缺点与不足并进行正确引导。此外，孩子具有的缺点很多时候是家长的影响所致，因此，家长也要先认识自己，以身作则，以免将自身的不良行为“传染”给孩子。

3. **接纳孩子，父母要学会与孩子进行有效沟通**

与孩子沟通是一种有效的家庭教育。在日常生活中，父母要学会与孩子沟通，父母要与孩子商量，征求孩子的意见和想法，这样孩子就会感受到来自父母的尊重，从而产生极大的满足感。

一位从事多年教育工作的朋友曾与她五岁的儿子一起逛超市，购买了很多好吃的东西。利用这个机会，她与儿子展开了交流，与孩子商量哪些东西可以给爷爷奶奶，哪些可以留给小伙伴，哪些留给自己；还给孩子讲孔融让梨的故事，告诉孩子妈妈相信他也会跟孔融一样把好东西与家人分享；告诉他经常与家人、伙伴分享的话，圣诞节那天“圣诞老人”就会给他更多更好的礼物。儿子回到家，主动地将自己买回的东西分成几份，分给了大家。孩子在生活中形成了“好东西就要大家分享”的认识，心理上得到了很大的满足，同时受到了一次良好的品德教育。这样的教育是生动的，对孩子来说也更乐于接受。

在孩子的家庭教育上，尤其是上了小学的孩子，一定要注意与孩子的交流与沟通，要在交流与沟通中让孩子充分体会到来自父母的尊重与信任。父母要清楚，这一年龄段的孩子特别在意他人对自己的看法，而且自尊心和好胜心很强。父母善于利用孩子的自尊心和好胜心，可以在交流沟通中获得良好的教育效果。

四、无条件接纳孩子的最终教育目的

在家庭教育中，父母无条件接纳孩子的最终教育目的就是帮助孩子学会接纳自己、教导孩子学会接纳他人与社会。

1. 帮助孩子接纳自己

在家庭教育中，无条件接纳孩子，需要对孩子给予充分的尊重、足够的信任、持续的鼓励。当孩子从父母那里感受到尊重、关爱与鼓励后，就会健康、自信地成长，同时也能正确认识自己，慢慢懂得如何接纳自己。随着年龄增长，孩子也慢慢开始和外界接触，这时候可能会发生不同程度“不接纳自己”的情形，如只看到自己的优点，不接受自己的缺点。家长必须帮助孩子真正接纳自己，这也是在帮助孩子形成正确的人生观和价值观。由此，父母对孩子的无条件接纳，要在生活、学习中表现出来，让孩子感受到来自父母的认同，从而接纳自己。

2. 教导孩子学会接纳他人与社会

随着孩子成长，其心理也在慢慢成熟，孩子在接纳自己的同时也要学会接受别人，不管别人的长相如何、个性如何、学习成绩如何，都要懂得尊重他人。只有人人都懂得尊重他人，人与人之间的关系才会更和谐。

在孩子接纳自己的基础上，也要用同样的态度接纳他人、接纳社会、接纳周围的一切，这样，孩子的心智与品格才能健康发展，孩子才能融入周围的环境、融入社会，也才能真正健康快乐地成长。

总而言之，家庭教育在孩子成长过程中处于重要的地位，也是其他教育形式的基础，而家庭教育需要父母从无条件接纳孩子开始，在孩子成长过程中给予孩子无条件的尊重、欣赏与鼓励。父母在接纳孩子的过程中，要扮演好自身的角色，要科学认识孩子的缺点，要学会与孩子沟通，以做到真正无条件接纳，使孩子感受到真正的爱，并让孩子在这一过程中优化自己的心灵，学会接纳自己、接纳他人，从而慢慢学会接纳社会。只有这样，孩子才能健康、快乐地成长为自尊、自信、乐观、进取的人。

附

走出聘请家庭教师的误区

近几年，家教热兴起。双休日和节假日，在一些广场和大型商场门前，一些大学生和家教公司打出横幅推销自己，众多家长趋之若鹜。笔者利用工作之余对学生及其家长聘请家教的情况进行了调查，发现许多家长和学生实际上已经走入了聘请家教的误区。

表现之一，人家请我也请，盲目从众、攀比。据抽样调查结果显示，有83％的中学生请家教，有62％的小学生请家教。问及目的时，一些学生说班里的同学都请，所以自己也请了家教，这种做法我们姑且称为“盲目从众型”或“虚荣型”。

表现之二，家长工作忙或为了省事，请家教是为了让家教“看孩子”。在调查中发现部分家长因为忙于赚钱或忙于应酬，而把孩子托管给家教。这种我们姑且称之为“保姆托管型”。

表现之三，有些学生因为偏科或不喜欢某位老师或为了提高自己的学习成绩，而聘请名师进行家教。这种我们姑且称为“提高成绩型”。

凡此种种，除了第三种情况有可取之处外，其他两种均属于走入了误区。

对孩子的教育实际上是一个复杂而系统的工程，“盲目从众”或“保姆托管”是对孩子不负责任的做法。第三种情况有可取之处，但也应分析其利弊。从有利方面说，学生在校期间没有学好或因生病等原因而落下功课，请家教可以很好地解决问题。通常聘请的家教老师有三种人：一是在校大学生，二是退休教师，三是在职教师。且不说在校大学生无教学经验，不懂教育规律，也不说退休教师不理解新的教材教法，单说在职教师，即使是优秀教师，实际上他在课堂上讲课远远比给几个学生上课更精彩、更深刻。无论请哪种家教，都或多或少地影响着学生的学习，增加了学生的负担，也增加了家庭的经济负担。现在的学生特别是中学生的家庭作业已经相当多了，可以说达到满负荷的程度，如果再加上家教或做家教留的作业，孩子只有挑灯夜战了。长此以往孩子会身心疲惫，更重要的是有些自制力差的孩子反而会放弃学校教育，而主要依靠家教。这样不但学习成绩无法提高，还会养成不良的学习习惯。

综上所述，聘请家庭教师应该采取正确方式，当孩子因为生病落下功课或没有听懂教师讲的知识点时聘请有经验的教师是可取的，特别应当聘请教师就某一部分知识单独给孩子补习是行之有效的方法。那种不分青红皂白，认为只要请家教就能提高孩子成绩的认识与做法是不可取的，家长和学生应该慎重行事。

第三节　对国外教育的借鉴与思考

一、对美国教育的借鉴与思考

没去美国之前，在我心中铭记最深的那句话是“如果你爱他，就把他送到纽约，因为那里是天堂；如果你恨他，就把他送到纽约，因为那里是地狱”。这冰火两重天的复杂感觉，是我以前对美国的印象。当飞机横越太平洋上空，把我们从东半球带到西半球时，时间与空间都进行了一场大调换，我的思想观念也发生了巨大变化。美国之行，让我对美国及美国教育有了新的认识。

1. 生态环境自然和谐

所到的美国的每一座城市，除了纽约之外，全是一派乡村景象，既看不到工业区一个个高大的烟囱，也见不到北京、上海、青岛那一排排鳞次栉比的大楼，无论是热闹的城市还是僻静的郊区，几乎见不到露出土的地面，也很少见到水泥或沥青铺成的广场，到处都是大片大片的绿地，令人心旷神怡。在那里野生小动物是不怕人的，松鼠、鸽子、水鸟等随处可见，它们还会跑过来和我们近距离接触。映入眼帘的总是油画般的美景：郁郁葱葱的树荫草地、蔚蓝的天空、尖顶白门的小屋、稀疏的牛群。在这个年轻的国度，植被的浓密令人满眼青葱、心旷神怡。永远别担心空气混浊会污染你的毛发，永远不会在栏杆、座椅上抹出灰尘，公共场所的垃圾无影无踪，行走若干天鞋子依然干干净净。

美国的各大名校不仅有着丰富的文化底蕴及学术氛围，还有着美丽的自然环境——整齐的草坪、平地而生的古树，无不给学校增添了生机。在校园里，小松鼠随处可见。在美国，经常会看见车停下为大雁或鸽子让路，美国人能够做到与自然、动物和谐相处。

美国是个年轻的移民国家，建设国家的理念新、起点高，发展到现在这个模样并不奇怪。作为我们这样有着几千年历史的古国，在继承、发挥优良传统的同时，也应不断破旧立新，打造优美的环境、舒适的生活。

2. 人文素养高尚

美国人热情友好，只要有人向他们问路，他们都会很热情地回答。看到我们在拍照，还会主动过来帮我们拍合照。在公共场合，大家都很自觉地排队，每个人都遵守秩序，没有捷足先登的人，也没有拥挤不堪的场面。

在美国过马路非常安全，因为美国车辆总是有序地行驶在马路上，互不相争，相互谦让，遇到行人必然会老远就停下，绅士地等行人安全通过后再行驶。走在美国任何一个公共场所，地面总是干净的，这并不是因为美国的环卫工人多勤劳，而是美国公民的素质和自我管理水平较高，他们更懂得珍惜他人的劳动成果，懂得保护自己的生活环境。

在美国，没有看到在中国常见的“爱护树木”“保护环境”的告示牌，大部分美国人都会把这种事当成自己的责任，不会看到好看的花朵就随手摘下据为己有，也不会随意践踏青青的草坪。在饭店、商店、博物馆等公共场所，他们同样安静有序，没有拥挤，更没有吵闹，说话低声细语，互不干扰，即使交流也是以两个人能听见为准。如果不小心打扰到对方时，他们总会真诚道歉，我想这都得益于美国对公民教育的重视，美国教育的普及程度很高，从而使国民的文化素质较高，这便推动了整个社会的发展。

在美国期间，我们每次出行，美方代表总是多次点人，掉队的事情从未发生。他们工作条理清晰、考虑周到，他们组织的活动丰富多彩，他们的团队意识很强，且守时守纪，配合默契。

我认为，这些都是值得我们学习的。在学校教育中，我们也应努力提高学生的人文素养，培养出高素质的人才。

3. 重视独立性的培养

美国人一生都以独立进取作为宗旨。在他们求学时，要靠优异的成绩获得奖学金，作为自己的学费，或靠半工半读挣取学费。学生纷纷外出打工挣取自己来年的学费，如果不能自己挣取学费则被认为是非常可耻的事情。不过，在美国，这种独立精神往往成为老人的悲剧，所以美国被认为是儿童的天堂、青年人的战场、老年人的坟场，老年人丧失生活能力时，儿孙们是很少来照看的。美国有不少老年人便这样在孤独中郁郁死去，有的甚至死去多日还无人发现。这一点，我们中国有自己的道德观，尊老爱幼，老人不会孤独而终，但是，在如何培养孩子的自主性和独立性方面的确应该好好向美国学习。

在美国，我们走访了很多名校，没有一所学校的大门修得富丽堂皇。像哈佛大学有着三百多年的历史，是美国最著名、最古老的高等学府之一。但是其在外表上并没有任何奢侈的修饰，特别是校门，修建得很小。

美国的父母认为，劳动能给孩子带来很多好处。比如，劳动可以培养孩子的独立性；劳动能促进手脑并用，促进智力发育；劳动能促进身体健康、增强体质；劳动能促进良好个性品质的形成。所以，在美国，父母都会让孩子多劳动、多锻炼。而我们中国的父母首先想到的是让孩子学习好，劳动则被放在了次要的位置，认为孩子的主要任务就是学习，殊不知这样反而真正剥夺了孩子学习的机会。

4. 重视自主性的培养

美国学校经常是开卷考试，学生在一周内交卷即可。中国学校考试的目的多是淘汰；美国学校考试的目的在于让学生寻找自身存在的不足，查漏补缺，以利于今后的发展。美国学生上学时间短、课业负担少，旨在让学生做自己感兴趣的事，学生有更多的可自由安排的时间。美国的教材浅显易懂，对学生没有严格的要求，但是他们注重对学生动手能力与创新能力的培养。他们觉得要趁孩子年龄小的时候抓紧培养其创造性思维，因而，才不太重视“基础知识”的教育。

美国学生在小组讨论时能够很快进入状态，他们能够积极地相互依赖，并主动承担学习任务，教师也能够很好地观察并参与。即使教师没有明确说明同学间要进行讨论，学生之间也能够主动地进行交流，而在中国的课堂上，在讨论时有些学生明显不积极。即使学生得到教师的命令，几个学生围在一起，往往也是各算各的，没有什么实质性的讨论。有的学生做出来了就得意洋洋地看着同组同学在那儿冥思苦想，有的则是遇到难题、一脸茫然地坐着，只等老师讲解，各成员之间没能形成相互依赖的合作学习方式。

5. 重视综合素质的培养

在游学过程中，我们了解到，美国大学录取新生的要求和中国截然不同。国内的高考是“一考定终生”，而美国高考更看重的是学生的综合能力。如哈佛大学，每年都有不少 SAT（大学入学考试）满分的学生申请入学，而哈佛大学通常只录取不到一半的满分申请者，因为学校除了看“硬分数”之外，其他的因素诸如个人的特长和创造力、社区服务活动和领导才能等“软能力”也同样重要。所以美国大学想录取的学生首先是独特的人，要在自己的兴趣爱好方面做得非常好，其次是可以为学校教育和社会贡献自己独特成就的人。因此，在这样的入学前提下，有志申请名校的高中生都会利用假期和课余时间参加实习和社会服务工作，以增加社会经历、开阔视野，提升自己的实际工作能力。所以，绝大多数美国学生在上学期间都打过工，这是美国大学教育的重要组成部分。

在美国，重要的不是一个人的家庭背景，而是他本人的才华和能力，哪怕是个小孩子也要竭力在学校中出类拔萃，才可以使得父母为其感到骄傲。反观我们的教育，虽然也倡导综合素质的培养，但我们的高考制度还不能与之配套。

虽然我们的游学时间较短，对美国的教育了解得并不深入，但仍深深感到美国确实有值得我们学习的地方，我们应在保留我国传统文化与优势的基础上，注重培养学生的创造力、独立思考能力和动手操作能力等，从而培养出高素质人才。只有如此，才能真正使中华民族更加强大，立于世界民族之林。

二、对韩国教育的借鉴与思考

1. 重视教育

（1）教师入口严，地位高

在韩国，要想考入师范类大学，就必须是班级中数一数二的优秀学生，所以进入师范类大学的学生水平都很高，彼此差距很小。师范类大学都制订有严格的教师培养目标：第一年进行理论学习；第二年以学理论为主，结合听课实习；第三年到学校实习，学校里有专门的实习教室，实习生主要是坐在教室后面听课学习、相互探讨；第四年给实习生配备专门的导师，实习生开始上讲台讲课。我们在韩国晋州教育大学附属小学考察时发现，放学后，每个班的教室里都有五六个大学生围坐在一个教师身旁，在一边讨论一边记录着什么，翻译告诉我们，这是导师在给实习生评课指导。

在韩国，教师是公务员，地位高、待遇高。一位大学校长很风趣地告诉我们，在他们国家，教师相当于厅级干部待遇，有人统计，韩国小伙选新娘备受青睐的职业，小学教师排第一，这个结果连续十几年没有变，由此可以看出，教师的社会地位之高。

（2）细微之处彰显以人为本的先进教育观

韩国晋州教育大学附属小学教学楼前的操场，是孩子们“到阳光下、到操场上，锻炼身体，领略大自然”的重要所在。在晋州教育大学附属小学有一间教室只有四个孩子，都是智力有障碍的学生，学校专门配备了两位老师指导和照顾他们，教室的墙面上张贴着四个孩子的生活照及活动时的照片。在韩国的很多小学，都会特设这样一间教室，并且国家会从师资及教育生活方面对这些孩子倍加关爱，让他们享受平等的教育。

晋州教育大学附设初等学校金校长在报告中说，以前学校的建设以教师为中心，现在以培养学生终身生活能力为主。学校教学楼门口都有很大的鞋柜，师生在进楼之前都要脱掉鞋子存放在这，教室、走廊的窗台上都有序地摆放着盆栽，学生的雨伞都有一个专门的筐子放置。一个教室就是一个家庭，学校努力为学生营造家的温馨氛围。

韩国的学校实行小班化教学，每个班最多二十人。无论是教室外走廊上的作品展览区，还是教室后面的学生园地，全班学生的作品都可以摆放，没有优劣甄别。课堂上，每个学生都可以有不止一次的发言机会，学生可以知无不言，尽情释放自己的个性，这不仅培养了学生健全的人格，还发展了学生的个性。

2. 优秀的民族文化

韩国人是比较爱学习的，勇于吸纳和创新，因此，独具特色的韩国文化滋养下的韩国教育也着实让我们这些教育同行叹服。

（1）师者生命中尽染文化底色

韩国晋州教育大学的朴教授和权教授，为了欢迎和照顾我们一行来自异国的老师，全天候陪同，为我们摄像、买水，做引导。外出学习时，接送我们的车没有按时到达，仅仅迟到了十分钟，负责的老师就郑重其事地向我们道歉，他们觉得这是工作中不可原谅的失误。韩国人崇尚儒教，尊重长者。韩国学生见到老师都毕恭毕敬——鞠躬然后说“您好”“再见”，然后老师回敬，甚至商场的员工看到老人都要鞠躬说“您好”。千百年来，儒家的伦理道德思想和生活哲学一直影响着韩国，时至今日，儒家思想已经渗透并扎根于韩国人的日常生活中。

韩国的干净、整洁、精致也是有目共睹的。街道给人自然的美感，没有一点垃圾，两旁都是小店铺，清爽、舒服。即使在海货市场也见不着一丝一毫的臭鱼烂虾，更闻不到腥臭味。海水湛蓝如天空，河水清澈如碧玉，空气温润如天然氧吧。韩国人很爱国，崇尚国货，韩国的街道上大多是本国生产的汽车——现代、起亚，在韩国，有能力购买外国车的人应该不少，可韩国人却以本国车为荣，对本国车有一种超乎寻常的喜爱。

（2）教育环境体现文化氛围

在韩国期间，我们参观了晋州教育大学、晋州教育大学附设初等学校等，这些学校规模都不大，但这样的学校规模有利于师生和生生之间的交往，对师生的健康成长都是非常必要和有利的，这些都反映在我们所观察到的师生交往风貌中：教师对学生和蔼可亲而不失庄重，学生对教师彬彬有礼而不无活泼；校长能直呼绝大多数学生的姓名，并与其交谈，亦师亦友，学生无论在何处，与校长、老师交谈，都毫无拘束感。

这些学校的建筑规模都比较适中，校舍也都比较一般，没有富丽堂皇之感，但给人的第一个印象是非常整洁。无论是谁到任何一所学校，要做的第一件事就是进楼前换拖鞋。韩国的学校，楼道内外不见纸屑，没有尘埃，唯见窗明几净，身感清风送爽。

韩国的学校，课堂教学既有集体讲授式，也有小组讨论式；有进行艰苦的技能训练的（如电脑打字等），有开展文艺表演的；有以创作为主的，有以知识接受为主的，形式多样，不拘一格，教学方法和教学组织形式没有“削足适履”之感。学校都有较大的图书室（馆），有较丰富的藏书，师生可自由借阅，也可在室内自习。

第四章

少教多学

——教师教学观思考

“少教多学”指的是在教学过程中，教师要承认并且体现学生的主体地位，充分调动学生学习的主动性，使学生积极学习、独立学习，并逐渐走向深度学习，成为学习的主人。要实现少教多学，教师就要从学生的学习需要出发，做到“该讲的大胆讲，不该讲的坚决不讲”，落实教学的针对性，进而真正实现少教多学。

第一节　中学语文教学现状

一、中学语文教学中存在的诸多问题

2011年，教育部颁布了《义务教育语文课程标准》（2011年版）（以下简称“语文新课标”）。一时间，语文教学改革活动在全国各地如火如荼地开展起来，各种创新的教学理念也如雨后春笋般涌现，中学语文教学发生了喜人的变化。但是，由于部分教师对语文新课标认识不充分，教育教学改革在具体施行上存在种种困难，中学语文教学仍然存在诸多问题。

1. 学科定位不明确

语文新课标中指出：“语言文字是人类最重要的交际工具和信息载体，是人类文化的重要组成部分。”并指出语文课程应致力于培养学生的语言文字运用能力，为学生的全面发展和终身发展打下基础。然而，在教学中，语文的学科定位并不明确，甚至有学生认为，语文是中小学学习中最无特点的学科。进入中学以后，语文成了学生“可学可不学的学科”，语文学科的基础地位受到了严重威胁。与这种弱化语文学科地位相对应的是一种泛化语文功能的观点。例如，“生活即语文”“语文是百科的总和”“生活的外延与语文学习的外延相等”“大语文教学观”等，使语文教学承载了过多的社会和生活功能，这不仅不利于语文教学，还会导致语文教学的盲目性，使教师和学生失去教与学的着力点。

2. “教师中心论”影响较深

新课改强调学生的主体地位，提倡自主、合作、探究的学习方式。然而，受我国千百年来教师中心论的影响，很多教师在教学实践中仍然沿用“填鸭式”“满堂灌式”的教学方式，固执地认为教学以教为基础，先教后学。很多教师认为在教育过程中，学生对教师必须保持一种被动状态，一切教育活动都应以教师为中心，学生只是被动地学。这种教学关系甚至曾被视为天经地义的教育教学规律。客观地说，先教后学并非毫无道理，但它留下了一系列其自身无法根治的痼疾："教"支配、控制"学"，"学"无条件服从"教"，"教学"由共同体变成了单一体，学生的自主性、独创性缺失，主体性被压抑。长此以往，教师教得越多，学生越不会学，越不爱学。

3. 重应试，轻应用

在当今社会，中考、高考的"指挥棒"仍在，人才的选拔方式没有根本改变，家长和社会给学校教育施加了很大的压力，以至于不少语文教师把语文课作为应付中考或高考的训练课。考试的内容就是课堂教学内容取舍的唯一依据。要考的内容就大讲特讲，不考的内容就略讲甚至不讲。重书本知识的传授，轻实践能力的培养；重抽象思辨能力的训练，轻形象感悟能力的提高；重学习结果，轻学习过程；重读写，轻听说；重间接知识的学习，轻直接经验的获得；重考试成绩，轻整体素质的发展等。结果造成了学生语文知识懂与会的分离，学与用的脱节，学生通常能考较好的分数，但相对来说各方面能力都较低。不少学生在长期的学习中失去了对语文学习的兴趣，变主动学习为被动应付。

4. 语文教材选文僵化

有什么样的课程，就应该有什么样的教材。作为语文教学的载体，教材承载着太多的使命。但是，目前我国各个版本的语文教材大多为基础性教材，拓展性和研究性教材较少，地方教材和校本教材均不丰富。从教材所选的篇目来看，选文僵化、陈旧，很难吸引学生，没有做到经典传承与创新结合。在授课过程中，教师没有在了解学情的基础上重构选文的讲授顺序，不敢大胆地删减，也不敢有选择地增加。这样必将导致学生和教师相看两厌。

改革的道路必然是曲折的，出现诸多问题也是意料之中的。这就需要我们继续努力，探究解决问题的方法，最终推动语文教学健康发展。

二、新课标对语文课程提出了新要求

语文新课标指出，九年义务教育语文课程应"坚持以人为本，继承我国语文教育的优良传统，汲取当代语文教育科学理论的精髓，借鉴国外母语教育改革的经验，遵循语文教育的规律，努力提高学生的语文素养，为弘扬民族精神、增强民族创造力和凝聚力、培养德智体美全面发展的社会主义建设者和接班人，发挥积极作用，为学生的终身发展奠定基础”。这就要求语文课程要在提高学生语文素养的同时，培养学生的语文应用能力、审美能力和探究能力，从而使学生形成良好的个性和健全的人格。

新课程理念下语文学科是工具性和人文性统一的学科，通过语文课程的学习，能使学生熟练地运用语言，并能顺利参与交际活动。语文学科的工具性指的是语文是一门基础工具学科，表现在两方面：一方面，语文是重要的交际工具，是人类表达思想感情、交流感情、传递文化的工具；另一方面，语文是学好其他所有学科的工具学科。语文学科的人文性是相对于工具性而言的，强调语文学科对人自我完善的关注与追求，包括人的尊严、价值、个性、理想、观念、品德、情操等方面，强调的是语文学科在情操陶冶、知识汲取、经验积累等方面的作用。我认为，语文学科的人文性主要体现在对学生的人格、个性、精神世界的关怀，在于培养学生积极健康的情感、正确的价值观、高尚的审美情趣等，它突出语文教学“以人为本”的准则。

第二节　“少教多学”教学观概述

一、“少教多学”教学观的由来

早在300多年前，捷克教育家夸美纽斯在谈到自己的教育理想时说：“要寻求并找出一种教学方法，使教师因此可以少教，但是学生可以多学。”这种以“少教”达到“多学”的愿望，是历代教育工作者孜孜以求的目标，这种目标实际上就是我们今天所说的教学效率。课堂教学时间是有限的，那么，如何在有限的时间内既达成教学目标，又能让学生多学呢？

20世纪50年代美国心理学家布鲁纳提倡的“发现学习”，强调调动学生独立学习的积极性，引导学生主动获取知识、思考问题，使学生在掌握知识的同时发展思维能力。这一教学法取得了良好的效果。此后，其他国家的教育改革活动此起彼伏。在发现学习的启发下，日本中学兴起了一种自主学习法。自主学习就是，在教师指导下学生思考自己的行动，主要包括四个阶段：提出问题—收集情报资料—处理情报资料—发现规律。保加利亚暗示学专家洛扎诺夫提出的“暗示教学法”和德国教育家瓦根舍因提出的“范例教学理论”都是类似的观点。这些思想与实践，都为“少教多学”教学思想的提出奠定了基础。应该说，“少教多学”作为一种教学思想或主张，它的出现反映了人们对教学关系的深层思考和对以往教学实践的深刻反思。同时，这一教学思想也准确地概括出当代教学改革与发展的基本走势，反映了当代竞争型社会对创新型人才的急切需求。

我国对传统的教学方法进行了改革创新，明确提出了“以学为主”和“精讲多练”的主张，为“少教多学”模式的实施做了充分的准备。在新一轮课程改革浪潮中出现了许多教学方法，其共同特点是充分调动学生学习的积极性，体现学生学习的主体地位，尽可能让学生多学多练，以此提高学生独立获取知识的能力。“少教多学”教学法，在学生自主学习能力、思考能力以及创新能力培养上具有明显的优势，越来越多的人认识到它的重要性。在新课改背景下，探索语文教学的“少教多学”教学法，具有十分重要的意义。

二、“少教多学”教学观的内涵

1. “少教”的内涵

“少教”不是让教师投入的更少，更不是置学生于不顾，而是要讲在关键处，要启发性地教、针对性地教、创造性地教、发展性地教。教师要精心设计每课的教学目标、教学过程、教学手段、教学方法，使学生在教师的精心引导下，对所学内容产生浓厚的兴趣，产生“愤”与“悱”之情，从而津津有味地与教师一起探索、研究，让学生通过自己的努力发现、学会知识。学生是课堂的主导者、组织者、指挥者，学生积极参与，通过努力尝到成功的喜悦。

所谓“少教”主要表现在以下几个方面。① 目标精当。教师联系实际，从众多教学目标中确定一两个目标，集中问题，彻底解决，为学生的多学留出了广阔的空间。② 研究精深。教师要对教学过程做全面、综合的考虑，对教材和学生做精深的研究。这就要求教师，一方面要娴熟地驾驭和运用教材为讲和练做准备；另一方面要研究学生，了解学生的知识基础、认识能力、学习态度、对新知识的需求等。教师在课堂上的所讲所练要能够弥补学生的知识缺陷，使学生的原有知识得到发展，真正起到长善救失的作用。可以说，教的越精，教师的研究就越深。③ 内容精练。要做到这一点并非简单少教就行，而是要讲得简洁明了，要力避烦琐，不做无用功，学生自学能会的知识点不教，讨论能明白的知识点不教，点拨能懂的知识点不多教。要教关键、教难点、教思路、教方法。④ 语言精练。教师的讲授越少，语言就应越精练。只有准确、简要、有力度、有美感、合乎逻辑的语言，才能满足精讲的需要。所以教师要精心雕琢自己的语言，去粗取精，既为学生树立语言表达的典范，也避免浪费学生的训练时间。

2. “多学”的内涵

“多学”并不是多读书、多背教材，而是在教师精心设计的多种多样的活动中，学生学懂、学会、学透各种知识，学习的过程是学生不断领悟的过程。“多学”具有以下三个内涵。① 积极学习，即学生全身心参与学习，使学习变成发自内心的活动。② 深度学习，即学习者积极地探究、反思和创造，而不是反复记忆，使学生能在理解的基础上批判地学习知识，并将它们融入原有的知识体系中。③ 独立学习，即学生在学习过程中逐步摆脱对教师的依赖，自主思考、提问、领悟。

3. 正确理解“少教多学”观

教师要经常问问自己：我要教什么？学生学到了什么？什么情况下学生会学得最好？当学生对所学的内容有兴趣时，当学生身心处于最佳状态时，当教学内容能够用多种形式呈现时，当学生的惰性遭遇到理智的挑战时，当学生能够学以致用时，当学生能体验到成功的喜悦时，当学生有更高的自我期许时，当学生对教师充满信任时……学习才是最有效的。

“少教多学”应该做到：教得少一点，观察多一点；教得少一点，体验多一点；教得少一点，思维多一点；教得少一点，阅读多一点。每天读一点，每天写一点，每天进步一点！最重要的“学”就是“自学”，最好的“教”就是“不教”。正如叶圣陶先生提出的“教是为了达到不需要教”，少教多学最终要使学生能够独立学习，达到学习的“自能”境界。

三、“少教多学”教学观的理论基础

“少教多学”教学观的理论基础是建构主义。

1. 建构主义理论的基本内涵

建构主义作为学习理论是为改进教学而提出的，主要目的在于了解发展过程中的各式活动如何引发孩童的自主学习，以及学习过程，教师如何扮演支持者的角色。建构主义理论的一个重要概念是图式，图式是指个体对世界的知觉理解和思考的方式，也可以把它看作是心理活动的框架或组织结构。图式是认知结构的起点和核心，或者说是人类认识事物的基础。因此，图式的形成和变化是认知发展的实质，认知发展受三个过程的影响：即同化、顺化和平衡。

建构主义认为，知识不是通过教师传授得到的，而是学习者在一定的情境即社会文化背景下，借助学习或他人（包括教师和学习伙伴）的帮助，利用必要的学习资料，通过意义建构的方式获得的。由于学习是在一定的情境即社会文化背景下，借助他人的帮助即通过人际间的协作活动而实现的意义建构过程，因此建构主义学习理论认为，情境、协作、会话和意义建构是学习环境中的四大要素或四大属性。情境：学习环境中的情境必须有利于学生对所学内容的意义建构。这就对教学设计提出了新的要求，也就是说，在建构主义学习环境中，教学设计不仅要考虑教学目标，还要考虑有利于学生建构意义的情境的创设，并把情境创设看作教学设计的最重要内容之一。协作：协作贯穿学习过程的始终。协作对学习资料的搜集与分析、假设的提出与验证、学习成果的评价以及意义的最终建构均有重要作用。会话：会话是协作过程中不可缺少的环节。学习小组成员之间必须通过会话商讨如何完成规定的学习任务，此外，协作学习过程也是会话过程，在此过程中每个学习者的思维成果均被整个学习群体共享，因此会话是达到意义建构的重要手段之一。意义建构：这是整个学习过程的最终目标。所要建构的意义是指事物的性质、规律以及事物之间的内在联系。在学习过程中帮助学生建构意义，就是帮助学生对当前学习内容所反映的事物的性质、规律以及该事物与其他事物之间的内在联系有较深刻的理解。这种理解在大脑中的长期存储形式就是前面提到的图式，也就是关于当前所学内容的认知结构。由此可知，获得知识的多少取决于学习者根据自身经验去建构有关知识的意义的能力，而不取决于学习者记忆和背诵教师讲授内容的能力。

(1) 建构主义强调学生的主体作用

建构主义提倡在教师指导下的、以学生为中心的学习，也就是说，既强调学生的主体作用，又不忽视教师的指导作用，教师是意义建构的帮助者与促进者，而不是知识的传授者与灌输者。学生是信息加工的主体，是意义的主动建构者，而不是外部刺激的被动接受者和被灌输的对象。

(2) 建构主义强调教师的指导作用

教师要成为学生建构意义的帮助者，就要求教师在教学过程中从以下几个方面发挥指导作用。

教师要激发学生的学习兴趣，帮助学生形成学习动机；通过创设符合教学内容的情境和提示新旧知识之间联系的线索，帮助学生建构当前所学知识的意义。为了使意义建构更有效，教师应在可能的条件下组织学生协作学习（开展讨论与交流），并对协作学习过程进行引导使之朝着有利于意义建构的方向发展。引导的方法包括提出适当的问题以引起学生的思考和讨论；在讨论中设法把问题一步步引向深入以加深学生对所学内容的理解；要启发诱导学生自己去发现规律、去纠正和补充错误的或片面的认识。

（3）建构主义的教学原则

教学目标应该与学生学习环境中的目标相符合，教师确定的问题应该使学生感到就是他们自己的问题。

设计真实的任务、真实的活动是学习环境的重要特征。教师应该在课堂教学中使用真实的任务设计，反映学生在学习结束后从事有效行动的复杂环境。

给予学生解决问题的自主权。教师应该激发学生的思维，鼓励学生自己解决问题；设计支持和激发学生思维的学习环境；鼓励学生在社会背景中检测自己的观点；支持学生对所学内容与学习过程进行反思，发展学生的自我控制能力，使之成为独立的学习者。

2. 建构主义学习理论在教学中的价值

建构主义强调以学生为中心，以情境、对话、协作和意义建构为要素展开教学，强调学习的主动性、情境性、社会性和建构性，对中小学教育具有多重意义。

（1）重视原有经验在自主建构中的作用

建构主义认为，知识和意义不是由外部信息的单向输出决定的，而是学生通过新旧知识间反复相互作用而建构的。其中，每个学生都在以自己原有的经验系统为基础对新的信息进行编码，建构自己的理解，从而使原有知识因为新经验的进入而发生调整和改变。因此学习的过程并不是知识的简单输入、存储和提取，而是新旧知识之间的双向作用。

这就告诉了我们学生的原有经验在自主建构中的基础性地位，提示我们教师应该全面了解学生的原有经验。其意义正如奥苏贝尔所说："假如让我把全部教育心理学仅仅归结为一条原理的话，那么，我将一言以蔽之：影响学习唯一最重要的因素就是学习者已经知道了什么。要探明这一点，并据此进行教学。"然而，在教学中个别教师并不注重学生的原有经验在自主建构中的作用，从而导致学生处于被动接受的状态。建构主义给我们的启示就是要全面了解学生的原有经验，包括其可利用性（个体认知结构中是否具有新的学习所必备的相关的已有知识）、可辨别性（新知识与已有知识间的区分度）、稳定性（认知结构中已有知识的巩固程度），然后从学生的已有知识入手，激发学生学习复杂知识的自主性。

（2）情境创设是自主建构的启动环节

建构主义认为，学习不仅要掌握事物的关键属性，还需要进一步深化，把握事物在不同情境中的具体表现，把事物的各方面特征和有关知识联系起来。因此，建构主义强调创设与当前学习有关的真实世界的情境，注重让学生解决现实问题，其直接目的是激发学生进行知识建构的兴趣和欲望。

教师应该为学生的自主建构创设良好的环境，包括真实情境的创设和虚拟情境的创设。如果在教学中遇到与其有关的现实生活问题时，可通过创设真实的情境来解决。如果在课堂上难以创设真实情境，良好的虚拟情境也能使学生身临其境般地体味所学知识。

（3）真正发挥合作学习的优势

建构主义认为，知识不仅是个体与物理环境的相互作用，更重要的是受社会性的相互作用。每个学生都是以自己已有的知识经验为背景建构对事物的理解的，不同的人看待事物的角度不同，因此他们的理解必定带有差异。正是这种差异性构成了丰富的教学资源，共享和交流同一问题的不同见解，可以使学生超越自己的认识，看到那些与自己不同的观点，从而更加全面深刻地理解事物，内化知识，把个体建构推向完善。

建构主义认为，实现这一理想的最好形式莫过于合作学习。在教学中，成功的合作学习往往比个体单独学习的效果更明显。

（4）充分发挥学生在知识建构中的主动性

建构主义认为，学生是信息加工的主体，是主动的建构者，而不是被动的接受者和被灌输的对象。学习是学生内部控制的过程，知识的意义也不是由外部信息简单决定的，它需要学生将新知识与已有知识经过反复的双向建构最终整合到自己的知识体系中。

学生成功建构知识的关键在于学生是否主动，也就是说只有学生成为学习的主人时，才能称得上是真正的“意义建构”。这就要求教师要采取不同方法帮助学生主动建构知识。要做到这一点，教师首先要把学生看作学习的主人，相信学生是有意志和目标的人，尊重学生的主体地位。

综上所述，建构主义学习理论对教学的现实价值是不可否认的，我们应该全面客观地认识建构主义学习理论，大胆地将其引进教学领域。

第三节 “少教多学”教学观研究现状

“少教多学”的思想并不是今天才有的，先秦时期，儒学宗师孔圣人就曾对此有过非常明确的阐述，子曰：“不愤不启，不悱不发；举一隅不以三隅反，则不复也。”此外，《学记》中也有这方面的阐述：“故君子之教喻也，道而弗牵，强而弗抑，开而弗达。道而弗牵则和，强而弗抑则易，开而弗达则思。和易以思，可谓善喻矣。”这两段有关教育的论述，都明确提出了“少教”，皆认为教师的任务是“道”“强”“开”，切不可“牵”“抑”，尤其不能事事都“达”。分析其主旨，就是教育我们，在教学中教师应该起到其应该起的作用，即“道”“强”“开”，而不是事事都替学生去想、去做，相反，应该给学生自己思考的空间，让学生在思考与学习中不断总结学习经验，直至悟到“道”，这才算是成功的教育。教育发展到近现代，人们对“少教多学”思想有了更为深刻的认识。

一、国外“少教多学”教学观研究现状

1. 国外“少教多学”教学观理论研究现状

19 世纪德国教育家第斯多惠指出，教学就是引导学生的思想，引导学生智力的积极性；一个坏的教师奉送真理，一个好的教师则教人发现真理。第斯多惠的观点很明确，即教师不应该剥夺学生思考进而发现真理的乐趣，而应该引导他们思考，让他们在学习中发扬主动性和积极性。

“少教多学”思想的研究在西方发达国家开展得较早。20 世纪 40 年代初，理查德·利文斯通爵士提出，学校教育成功与否的标准应该是培养的学生是否拥有求知欲与学习能力，而不应该是教师教授的知识量。这种思想其实与后来的深度学习一脉相承，也对今天我们的“少教多学”思想起到了重要的引导作用。

美国探究教学的倡导者施瓦布于1961年在哈佛大学“作为探究的科学教学”的报名中提出了探究式学习，美国心理学家布鲁纳也提出在教学中采用“探索—发现”式教学法，从而实现教师在引导学生学习时，使学生能像科学家那样探索知识，摒弃了一直以来学生学习完全由教师灌输的教学方法。这些体现学生主体性培养的教学方法，有利于学生主动获取知识、发展素质，也与我们今天的“少教多学”思想有着本质的联系。

联合国教科文组织国际教育发展委员会在《学会生存——教育世界的今天和明天》一书中指出，教师的职责现在已经是越来越少地传授知识，越来越多地激励思考了。除了正式职能外，教师将越来越多地成为一个顾问、一位交换意见的参加者、一位帮助发现矛盾论点而不是拿出现成真理的人。教师必须集更多的时间和精力去从事那些有效果的和有创造性的活动。教师应使学生成为教育活动的中心，随着学生的成熟程度允许他们有越来越大的自由；由学生自己决定要学习什么，要如何学习以及在什么地方学习。这应成为一条原则。

此外，新加坡是“少教多学”理念执行得比较好的国家。2004年，时任总理李显龙在国庆群众大会上提到：“我们要少教一点，让孩子要多学一点。”2005年，新加坡教育部正式推介了“少教多学”的教学理念。从2006年开始，新加坡参与“少教多学”教育的学校有近30所，之后逐年增加，发展为全民性的教育改革，并取得了明显的成效。

2. 国外“少教多学”教学观践行现状

在现代教育改革背景下，“少教多学”理念在教学实践中的运用不乏成功的案例，尤其是在新加坡。例如，新加坡圣婴女校（大巴窑）通过分组的方法让教师进行一对一的教学，从而对不同程度的学生实行差异化教学；新加坡华民小学通过开展“交流母语”项目，让学生学习不同种族的语言，并在日常生活中进行简单交流，以此增进民族之间的理解和交融；新加坡中正中学重视向学生介绍前沿科技，让学生不在快速发展的社会中落伍，同时努力以一种贴近生活的方式让学生掌握科学技术知识；新加坡蒙福小学组织学生通过旧物义卖为动物保护协会捐款，通过了解动物保护协会、与动物交朋友、设计标语、组织安排义卖活动等一系列学生感兴趣的活动来增加学生的写作素材，从而进一步培养学生的写作能力，等等。“少教多学”注重的是一种可持续发展能力的培养，它意味着要更少地依赖死记硬背的学习与反复的考试，更多地关注经验式的发展、自主学习、差异化教学和终身技能的培养。它重视学生思维、态度、性格和价值观的形成，力图通过创新且有效的教学方法和策略来塑造学生性格。“少教多学”理念触摸到了教育的核心——为什么教，教什么以及怎样教。而这正是世界各国的教育改革所追求的最本质的初衷。教育的意义由此而生。

二、国内“少教多学”教学观研究现状

1. 国内“少教多学”教学观理论研究现状

20 世纪初，我国著名教育家陶行知对此思想也给出了自己的观点：“所谓教师之主导作用，盖在善于引导启迪，使学生自奋其力，自致其知，非谓教师滔滔讲说，学生默默聆受”“导者，多方设法，使学生能逐渐自求得之，卒底于不待教师教授之谓也”“教是为达到不需要教”。

近年，国内关于探讨“少教多学”的学术论文不少。其中王海平发表在《中国民族教育》2010 年第 9 期的《新加坡倡导“少教多学”教育理念》对这种教育方式的具体实施过程进行了详细的介绍。陈曦的《“少教多学”——新加坡教育改革新视角》、寇平平的《论“少教多学”》以及汪惠迪于 2007 年 9 月发表在《现代教育论丛》上的《少教多学和生本教育》等都对新加坡实施的“少教多学”的实施背景、实施方法、实施效果进行了详细解析。这些文章既对新加坡“少教多学”的“根”进行了挖掘，也对它所开出来的“枝”“叶”进行了肯定。

施铁军、王仁甫在《“教师少教，学生多学”是有效教学策略》中提出，我们的课堂教学之所以陷入“教师多教，学生少学”的困境，主要原因在我们的课程安排与课堂习惯中。在课程安排与课堂教学活动中，教师绝少尊重学生学习的主体地位，而只是将学生视为课堂知识的接受对象。因此，要改变这种情况，核心的做法就是尊重学生学习的主体地位，将学习的主动权还给学生。

肖开选、范斌、周艺娟在《智慧不能言传——少教而多学教学观之我见》一文中指出，智慧不是教出来的，而是学生在自主学习中逐渐悟出来的。因此，多教无益，更应该引导学生去学。他们在研究中进一步提出了

实施“少教多学”的四个策略：一是利用丰富而合适的知识内容作为载体，激发学生学习兴趣；二是加强学习方法的指导，让学生学会学习；三是搭建教学支架，创设学生主动学习的平台；四是有针对性地采用多种有效的教学方式。

汪惠迪在《少教多学和生本教育》一文中指出，生本教育就是真正以学生为主人的，为学生好学而设计的教育。其中少教多学与先做后学、先学后教等几项内容，正是生本教育的重要做法。

李东生在《“少教多学”的教学体验》一文中指出，“少教多学”的提出，贯彻了以学生为中心的教育观念，其重点是学生学习能力、思考能力与解决问题能力的培养。教师要摒弃简单灌输知识的做法，转而引导学生积极参与到教与学的活动中去。“少教多学”所倡导的理念，反映了时代的要求和课程改革的总趋势。

管亚明在《先学后教，自主建构》一文中提出，课程改革的目标就是要改变学生的学习方式，将学生从被动学习中解脱出来，让学生主动学习、乐于探究、勤于动手，继而真正从学习中获得乐趣，产生主动要学的想法。

王海平在《新加坡倡导“少教多学”教育理念》一文中指出，“少教多学”教育理念，尝试将以“教师为主体的多教”向以“学生为主体的多学”转变，将以前重视教学内容的数量向重视教学内容的质量改变，其主要途径有教学法、学习环境氛围、学习体验、评价与学习内容等五个方面。

纵观国内的学术研究，大家对“少学多教”教学观普遍持支持态度并且对它的实施前景也表示乐观。但是，在对新加坡实施“少教多学”的情况进行分析之后，如何将此与中国的具体教育情况相结合，仍然有待于我们进行理论和实践双向的研究，用理论指导实践，在实践中进一步对理论进行修改。

2. 国内“少教多学”教学观践行现状

除了在理论上对“少教多学”进行积极地探索，近年来我国部分学校也在具体的教学实践中对此进行了探索。

（1）洋思中学的“先学后教，当堂训练”教学模式

江苏省泰兴市洋思中学的教学模式是“先学后教，当堂训练”。课堂教

学分以下五个环节：一是出示学习目标；二是出示自学指导；三是学生根据自学要求自学；四是后教，教师在学生自学的基础上，进行有针对性的教学活动；五是学生完成当堂作业，教师当堂批改作业。

（2）东庐中学的教学合一“讲学稿”教学模式

江苏省南京市溧水县东庐中学实行以“讲学稿”为载体的“教学合一”教学模式。“讲学稿”根据学生的学来设计，既是学生的学案，又是教师的教案。学生的“学”与教师的“教”通过“讲学稿”这个载体合二为一。“讲学稿”实际是给学生一根“拐杖”，让学生尝试自学。它具有导学、导思、导练的功能，学什么、如何学、学到什么程度，在“讲学稿”中都有表述。除了教师的教案、学生的学案外，“讲学稿”还是学生的练习册。在东庐中学，教师除了布置“讲学稿”上的题目外，原则上不允许再布置课外作业。对每份“讲学稿”，教师要做到有发必收，有收必改，有改必评。此外，学校对学生的成绩考评也紧紧围绕“讲学稿”进行。教师通常从“讲学稿”上选择题目，引导学生利用“讲学稿”进行复习，达到“学什么，教什么；学什么，考什么”。学生每隔一段时间就将各科的“讲学稿”进行归类整理和装订，成为很好的复习资料。

（3）杜郎口中学的“三三六”教学模式和“10＋35”课堂教学模式

山东省茌平县杜郎口中学“三三六”教学模式，即课堂自主学习的三特点：立体式、大容量、快节奏；自主学习三大模块：预习、展示、反馈；课堂展示的六环节：预习交流、明确目标、分组合作、展现提出、穿插巩固、达标测评。该模式核心是还学生学习的自主权，使学习真正成为学生自己的事情。杜郎口中学实行“10＋35”的课堂教学模式，即一堂45分钟的课，10分钟属于老师，35分钟属于学生。各班教室内三面墙壁上都设有黑板，为学生提供更多展示自我的机会。课堂上，学生分小组学习、展示，教师只是适当补充或总结。这样做一方面迫使教师把本来属于学生自主学习的时间和空间还给学生；另一方面学生在学习过程中可以及时交流分享，及时反馈矫正。更重要的是学生和教师在心理上实现了真正的平等，兵教兵互帮互教成为一种常态，成为一种习惯。

以上三所学校的改革都是整体推进、持续进行的。三所学校都曾是农村薄弱初中，他们的改革始于新课改之前，但是一方面他们的改革体现了新课程的方向，另一方面新课程也为他们的改革提供了平台和机遇，所以他们成了新课改的先行者，吸引着来自全国各地的参观者和学习者，为我国更好、更全面地实施新课改，贯彻“少教多学”教学观奠定了基础。

从国内外的研究情况来看，“少教多学”是在大家看到传统教育方式与教学方法的弊端后，结合现在社会对人才的要求而提出的，是培养学生主动学习能力与创新能力的有效措施。

第四节　中学语文教学中的“少教多学”模式

一、“少教多学”教学模式在教学中的意义

针对当前中学语文教学中存在的诸多问题，如学科定位不明确、“教师中心论”的影响仍广泛存在、应试教育的单一指向性等，是否能有效激发学生的语文学习兴趣，让语文学习变被动为主动已成为中学语文教学改革的核心。从这个意义上讲，“少教多学”教学模式的提出可以说是恰逢其时，既能让现在教学观影响下的教师群体易于接受和付诸实践，又能针对以上问题契合新课改中对中学语文教学的要求。

1. 可以充分体现学生的主体地位

教学过程是学生的认识过程和发展过程。在这一过程中，要使学生形成良好的道德品质，让学生掌握科学知识和基本技能，发展学生的智力和体力，全面提高学生的素质。教学的这些特点决定了学生是教学过程中的认识主体和发展主体。“少教多学”就是要还学生应有的主体地位。教学生学会学习，其核心和基础是教学生学会学习和思考，这是教的着力点，是实现“少教多学”和“教是为了达到不需要教”的关键与前提。所有教师都必须根据学科性质、教材特点和学生基础切实有效地对学生进行学习方法指导，让学生学会学习。

2. 依然体现教师的主导作用

教师的主导作用，不仅由教师的特殊地位所决定，也由学生的特殊地位所决定。学生在其认识和发展过程中，必然在不同程度、不同层次上依赖教师的主导和引领。离开了教师的主导，学生的认识和发展不仅在进程上会大大减慢，在内容上也容易发生偏离。任何放弃教师主导，让学生盲目探求的教学，都很难成功。在实施“少教多学”教学模式的过程中，学

生的“多学”是建立在教师指导的基础上的，教师必须对学生的学习目标、学习过程进行方向性的指导，对学生的学习结果进行及时、有效的评价，对学生学习中的困惑进行有针对性的讲解，唯有如此方能最终实现“教师少教、学生多学”的学习目标，达到“教是为了达到不需要教”的学习效果。

3. **实现了三个转变**

“少教多学”教学模式打破了传统教学的“三中心”，实现了教学重心的转变：一是从以教师的教为中心转到以学生学习为主的轨道上来，使学生掌握学习的主动权，成为学习的主体；二是从以课堂教学为中心转到课堂教学与学生课内外自学相结合的轨道上来，把自学既作为课堂教学活动的基础，又作为课堂教学的有机组成部分；三是从以传授知识为中心转到传授知识与培养智能、提高素质并重的轨道上来，重视智能培养，重视学生非智力因素的发展，尤其重视学生独立思考和创新精神的培养。

4. **解决了教学中的一些弊端**

针对现行教学中教师讲得过多这一弊端，“少教多学”教学模式很好地处理了教师教与学生学在数量上的比例关系。“少教多学”教学模式要求课堂教学中的大部分时间用于学生的学，课堂教学结构要以学为主。在一节课中，学生学习、练习的时间应多于教师讲授的时间。凡是通过教师点拨、启发，学生自己认真读书就能弄懂的问题，教师就不要再讲，应该由学生自学。这不仅是教学时间的重新分配问题，更重要的是一个全新教育观念的确立，是教与学关系在教学过程中的正确反映。

二、“少教多学”教学模式对教师的要求

“少教多学”要取得成功，需要“两高”：一是教学质量高，二是学习质量高。教师的会教、善教与否决定教学质量，而学生的厌学、不学或者求知若渴则影响学习效果，彼此互为因果。“少教”要比“多教”更能让学生“多学”，“少教”的教学质量和学生的学习质量一定会比“多教”的高。

为了“少教”，课文删减、教材“瘦身”已成事实，但教师要“少教”学生还要达到学得多的功效就必须从教学质量上寻求弥补，这对教师来说是一个挑战。

1. **把握“少教多学”理念**

今天的教育理念强调知识更新、探索求知、经验的质疑验证、灌输创新意识及培养学生终身学习的能力等。所谓言传身教，如果教师自身不去力行实践，变概念为行动，还能在教育大潮里畅游吗？课堂活动要呈现多元化，而且要从以教师为主体转移到以学生为主体。教师在传统的讲授之外，还要组织各种活动。比如，组织辩论会、小调查等以引起学生的学习兴趣。

2. **正确处理师生关系**

在科技日新月异的当下，我们不可能也没必要恢复古人“一日为师，终身为父”的师生关系。以往的教学以教材为纲，以教师的教诲为本，知识来源单一。今天，互联网的资讯予取予求，知识开放。网络时代是先学者为师，没来得及“网游”的教师随时都会被学生考倒，甚至造成教与学的易位。尽管如此，在教育的长路上教师的地位还是无可替代的。

3. **准确定位教学角色**

为了顺应时代的发展，教师在传道授业的传统角色之上，还必须要同时扮演领航员（指导学生学习方向）、教练员（指导和训练学生应付测评）、导演（学习资源整合及活动组织）、心理辅导师（帮助学生建立信心），甚至企业管理人（指导学生善用资源和讲求效率）的角色，成为一个复合型的教育专家。

4. **引领学生全面发展**

在“少教多学”教学观引导下的以学生为本的课堂里，主张让学生主动去探求知识，这既能满足学生的求知欲，也能解放学生的个性。莘莘学子从中学到的绝对比教科书的圈定内容还要宽广和精深。“多学”的不光是知识，还有动手能力、独立思考能力、团队协作精神、个人信心以及终身学习的习惯。无论在智商还是情商的发展上，“少教多学”都对学生大有裨益。

学生这些“多学”的硕果，都来自教师刻苦转型后汇集毕生功力的“少教”。

5. **改变语文教学观念**

转变传统的教学观念是实现“少教多学”的基础。农民插秧，把秧苗插得密上加密，反而收获不多；把秧插得较稀疏却收获丰厚。初看起来十分奇怪，“勤劳”没有得到相应报偿，“悠闲”反而享受着丰收的果实。仔细想想，密植插秧固然贯注了人们的丰收意愿，却破坏了秧苗自由生长的规律；反之，稀疏插秧为秧苗分蘖增产提供了充足空间，保护了其自然生长。

以插秧来类比语文教学，教师在课堂讲得过多可能造成学生的思维被限制，从而缺乏创造能力，使他们不再去思考；反之，让学生在具有发展空间的学习环境中发挥其天性和潜能，把课堂时间和课堂空间还给学生，把思维的过程还给学生，让学生多学，教师尽可能少讲，学生反而会快乐地多学。

以前的课堂上，教学的“大权”一直牢牢掌握在教师的手中。因此，教师少教，学生必然就少学，如果教师把教的任务分一部分给学生，又会如何呢？结果定会形成一种新的教学观念。教师把教学的任务分出去了，也就轻松多了；学生有了自我教育的机会，也就积极多了。

6. **掌握“不教”原则**

第一，味同嚼蜡的内容不教。“兴趣是最好的老师。”当某些内容让人昏昏欲睡且无太大价值时，就不要讲给学生听。

第二，学生自己“跳一跳”就能得到的不教。中国有句古话叫“授人以鱼不如授人以渔”，说的是传授给人既有知识，不如传授给人学习知识的方法。要善于让学生掌握“划船”的本领，这样才能使学生在“学海”中从容航行。这就要求教师能甄别教材中的重难点，有针对性、有侧重点地讲解，同时善于为学生留足空间，引导学生逐步提升自主探究的能力与习惯。

第三，不能举一反三、启发思考的不教。思维流淌的课堂才是最真实、最有价值的课堂。因此，教师的讲应服务于学生的学，要善于诱思，引导学生不断思考并进行质疑。

第四，未经慎思的不教。昨天讲过的今天还用讲吗？我觉得，教师只要用心思考了，即使所讲的内容“涛声依旧”，也无需指责。然而，一切都在改变，当我们用心思考时，总会有更多、更新的内容在我们脑中闪现，也一定会有更精、更巧的设计在我们心中浮现。

总之，教师应该通过自己的“教”，让学生在有温度、有广度、有深度的课堂的浸染中日渐茁壮，让学生从一块石头里看到风景，从一粒沙子里发现灵魂。

三、践行“少教多学”教学模式的方法

1. 问题驱动教学法

问题驱动教学法即基于问题的教学方法。这种方法不像传统教学那样要求学生先学习理论知识再解决问题。问题驱动教学法是一种以学生为主体，以各种问题为学习起点，以问题为核心规划学习内容，让学生围绕问题寻求解决方案的一种学习方法。教师的角色是问题的提出者、课程的设计者及结果的评估者。

问题驱动教学法能够提高学生学习的主动性，提高学生在学习过程中的参与度，容易激起学生的求知欲，活跃其思维。

这种教学方法对教师的要求较高，教师必须具备较强的课堂掌控能力和引导能力。

（1）问题驱动教学法的步骤

提出问题。教师要在课前准备好问题。这一步骤不仅需要教师熟悉教学内容，还需要教师较好地了解学生的情况。这是成功实施问题驱动教学法的基础。

分析问题。这一阶段以学生的活动为主，可以让全班学生进行讨论和交流，也可以让学生分组讨论，但一定要注意让每个学生都提出自己的观点和看法。教师在此阶段主要是发挥引导作用，当学生的讨论跑题或者学生误解问题的本意时，教师要给予及时的提醒和引导。

解决问题。在分析问题的基础上，让学生提出解决问题的方法。这时可以让学生用报告的形式与全班学生进行交流。

结果评价。包括自我评估、小组互评及教师评价等，评价内容为小组整体表现、问题解决方法的合理性、个人贡献等。

（2）问题设计的原则

问题设计是问题驱动教学法的基础，问题设计得科学与否直接关系到教学的成败。一般来说，问题设计应当遵循以下几个原则。

有明确的目标。问题设计必须紧紧围绕教学目标进行，教师要尽量了解教材和学生的具体情况，设计的问题要明确。

由浅入深。在设计问题时，要给学生以清晰的层次感，由易到难，以便增强学生的自信心，激发学生的学习兴趣，促使学生积极思考。

难度适当。过于简单的问题难以激发学生的兴趣，但如果问题太难，学生就会望而生畏。

面向全体学生。在设计问题时，要注意调动每个学生的学习积极性，力争让每个人都有表现的机会，做到人人都参与、人人有收获。

“少教多学”教学模式既要求教师让出课堂，又不能退出课堂，力求让每个学生都能充分发挥自己的自主学习能力，通过与人合作、探究，逐渐成长。问题驱动教学法很好地实现了“少教多学”教学模式。

2. 翻转课堂教学法

素质教育时代倡导的翻转课堂在很大程度上契合“少教多学”教学理念，而在“少教多学”教学理念的引导下，又可以打造独具特色的翻转课堂。

翻转课堂教学法包括课程开发、学习先行、课堂内化、评价反馈和研讨总结等环节，注重学生发展和教师发展同步进行。翻转课堂教学法的核心是以学生为中心，教师则升格为学生学习的设计者、指导者、帮助者和学习伙伴。在这一模式中，学生和教师教学相长，都能得到发展。

众所周知，翻转课堂教学法改变了传统教学结构，改变了以教师为中心的传统教育理念和集体授课制，从而有效提升了学生的自主学习能力，发展了学生的思维能力，最终实现了学习成绩的提升。

我认为，实施翻转课堂教学法的关键，在于找到一个好抓手，而设计好学习任务单，就是破解翻转课堂难题的好抓手。

学习任务单，是由教师设计的帮助学生在课前明确自主学习内容、目标和方法，并提供相应的学习资源，以表单为呈现方式的任务单。

好的学习任务单能让学生根据个人需要确定学习进度，即让每个学生按照自己的步骤学习，从而增强学习的自我管理意识，取得自主学习实效。有了学习任务单，就能帮助教师提高教学质量，变革教学方式，培养创新人才。

学习任务单包含学习指南、学习任务、问题设计、建构性学习资源、学习测试、学习档案和学习反思等内容。学习任务单使教师从繁杂的教学任务中解脱出来，可以让学生依照任务单自主学习，从而实现教师“少教”，学生“多学”。

我校管霞老师在执教诗歌《相信未来》时，就大胆地尝试翻转课堂教学法，把“学习活动一：自由读诗，读准字音，读准停顿”这部分内容完全交给学生，让学生自己查阅资料解决问题。而“学习活动二：品读诗歌，理解意象与情感”则由学生大胆地进行个性化解读，教师虽参与讨论，但只是引导学生加深对文本的理解。最终，师生共同梳理出文章的情感曲线图。学生根据自己画出的情感曲线图，再读诗歌，才能真正地走进诗歌，走近作者。

3. **微课（微型课程）教学法**

微课是指为使学习者的自主学习获得最佳效果，而精心设计的信息化教学设计，是以视频展示的围绕某个知识点或教学环节开展的简短、完整的教学活动。它的形式是自主学习，目的是使学生的学习获得最佳效果，因此，对于教师而言，最关键的是要从学生的角度去制作微课，而不是站在教师的角度去制作，要体现以学生为本的教学思想。微课的制作与应用正符合“少教多学”高效课堂的需要。

语文微课是基于学校语文教学资源、教师自身基础与能力、学生语文学习的实际需求与兴趣，以主题或知识模块为特征而组织起来的相对独立但又与整个语文学习有着极大关联的小规模课程。它既能以课堂教学的形式进行，也能以专题讲座、课题研究、自主学习、学科活动的形式进行，其目的是弥补学科教学的不足，拓展课程的深度与广度，有效改善知识发展、能力需求的超前性与学科规定课程内容的滞后性之间的矛盾，还可以打通学生语文学习的书本世界与生活世界，让学生及时接触社会。

微课的开发必须以语文学习的培养目标为依据，以促进学生语文素养及人文素质的健康、全面、可持续发展为目的。教师要把握微课开发的领域，遵循其开发的一般原则，使其既能以专题学习或活动的形式灵活开展，又不陷入以往那些形式化的小组活动中，真正达到促进学生知识与能力共进、素养与素质齐升的目标。

那么开发语文微课时应注意哪些问题呢？

第一，必须根据四方面的情况确立需要开发的语文微课主题，进而做好内容的有效选择与课程的有效实施。这四个方面是，① 学生的兴趣，已有的语文知识与能力水平、经验以及由主观意愿与社会客观现实（升学就业）所决定的语文需求；② 语文课程学习本身的目的与要求及分步推进的阶段目标；③ 前人或现实生活中可选择利用的微课开发资源；④ 语文教师自身的教学能力、课程开发能力、经验与专业特长或研究兴趣。

第二，语文微课开发时需注意其课程目标要具体清晰，切合学生实际，其根本要求是面向学生的语文学习实际，满足学生的语文知识、能力与人文品质提升的需要，拓展学生视野，提高教学吸引力与效率，同时引导学生学会关注自己的生活世界，做学习与生活的有心人。

第三，开发微课时要处理好与已有教学文本的关系。教材是教学内容的重要载体，虽然“课文无非是个例子”，但教学文本毕竟是教学的重要依据，一定要利用好教材，落实教材的基本要求，我们提倡的只是在精讲精练的基础上对教材做适当的删减与整合，从而能够调出部分学习时间实施微课的教学。

第四，开发微课要注意内容的选择。微课打破了教学文本的封闭性，虽然只是作为“补充”而“偶尔为之”，但开发时还是要注意内容的选择，必须顾及学生的原有知识、自我发展方向和学习需求等方面的差异，选择能激发学生潜在能力的内容。

四、践行“少教多学”教学模式的具体教学途径

1. 在阅读教学中践行“少教多学”

就目前的语文阅读教学现状看，亟待反思教情，从学情出发，以学定教，让学生由“学会”走向“会学”。语文阅读教学一定要着眼于学生的终身发展，让每个学生的语文素养都得到不同程度的提升。

（1）研究学情，以学定教

研究学情，以学定教是语文阅读教学的重要原则。要真正达到“少教多学”的境界，语文教师的学情研究能力至关重要，语文教学是生命对话活动，语文教师必须真正了解学生的需要，以学定教，让阅读教学有的

放矢。

研究学情是“以生为本”理念的具体行动，是确保顺利实施教师“少教”和有效促进学生“多学”的重要前提。在语文阅读教学中，语文教师备课的基本要求就是备学生、备教材、备教法，备学生就是研究学情，但不可否认的事实是绝大多数语文教师的学情研究意识很强，但学情研究能力却普遍较弱，缺乏应具备的学情研究能力。

研究学情既要研究学生的既有与需要，也要研究学生的可能与期望，对学生的基本特征和学习基础了然于胸，从而找到其学习起点，做到因材施教。学情研究的着力点是充分考虑学生的需要，这种需要就是学生目前的学习状况与期望达到的状况之间的差距，当“现状是”与“应该是或必须是”两者之间存在差距时，就产生了内在的学习需要，了解了学生真正的学习需要就会发现该教什么，就会在教学过程中或教学之后明白自己教学时的“得”与“失”。可见，“研究学情，以学定教”才是“少教多学”的基本出发点。

在阅读教学中，研究学情不仅要有意识地与具体的阅读内容紧密结合，而且要在课堂上不断地进行学情分析，因为教学是动态的不可重复的过程，教师要珍惜课堂资源，关注学生的学习行为，关注课堂教学的具体形态，有时牵一发会动全身，个别学情会影响教学程序的安排与教学节奏的控制，因此教师要持续保持高度的敏感性，不断对学生的学习情况进行诊断、评估与分析，以便为之后的阅读教学提供准确的信息，并及时进行调整，以促进学生的自主学习，从而达到少教多学。

(2) 理清教路，以教导学

理清教路，以教导学是实现语文阅读教学“少教多学”不可或缺的重要策略。

理清教路的着力点可以概括为两个方面：一是准确定位教什么，二是心中明确怎样教。教什么比怎样教更重要。从“教什么”的角度看，就是聚焦于教学内容的确定。简单地说，教学内容是教与学在相互作用过程中有意传递的主要信息。教学内容蕴含在教材之中，这就需要教师对教材做出合理的甚至是富有创造性的教学化处理。阅读教学涉及的面很广，不同文体有不同的表现方式，有不同的阅读方式，也有不同的教学价值，自然就该有不同的教学内容。但从总的方面看，阅读教学内容的确定必须体现语文特性、学情特性和文本特性。

语文阅读教学以语文教材为载体，但绝不能把语文教材内容直接当作语文阅读教学的内容，教语文不是教课文，应该教什么和不应该教什么是有一定规范的，是有章可循、有范可依的，这需要语文教师具有较高的专业素养，有选择和判断其教学价值和确定教学内容的能力。

在确定教学内容时，教师要充分挖掘自己的潜能，以专业的眼光对教学文本的教学价值进行有效的甄别与筛选，使教学文本所承载的教学价值转化为有用的教学内容。由于不同的教师对同一教学文本会有不同的价值取向，因此，教师要清楚自己在追求什么，从而有效地根据教学文本选择、确定甚至拓展、生成出合适的教学内容。而且教师不仅要知道自己教了什么，学生学了什么，还要知道自己所确定的教学内容对学生的“多学”产生了怎样的潜在影响，会对学生人文素养的提高产生怎样的助力。

从“怎样教”的角度看，语文教师要为学生的阅读实践创设良好环境，提供有利条件，充分关注学生阅读态度的主动性、阅读需求的多样性、阅读心理的独特性，尊重学生的个人见解，鼓励学生批判质疑、发表不同意见。语文阅读教学必须凸显“少教”，力求以“教”导“学”。导者，引导、指导也，就是启发、点拨，使学生想学、会学、乐学。教师既需引导学生注重知识的形成过程，由浅入深逐步领会，开拓思维；又要善于激发学生学习的内驱力，使其对学习怀有持久的兴趣。另外，针对学生提出的疑难问题，教师要精心组织学生合作探究；针对学生思路不畅，教师要耐心疏导，使学生从混沌走向清晰，理顺思路，把握规律。在具体的阅读教学过程中，对不同类型文本的阅读指导应该有所侧重，在与学生的合作互动中，加强对学生的点拨和指导，实现教学相长。

在阅读教学中，教师必须关注学生的语言积累以及语感和思维的发展，尊重学生在学习过程中的独特体验，让学生在实践中学语文、用语文，逐步掌握语言文字的运用规律。另外，教师要积极倡导自主、合作、探究的学习方式，为学生创设良好的自主学习情境，帮助他们树立主体意识，使学生能根据自身的特点和需要，调整学习策略，探寻适合自己的学习方法和途径。教师还应鼓励学生在个人钻研的基础上，积极参与讨论及其他学习活动，使他们善于倾听、吸纳他人的意见，学会宽容和沟通，学会协作和分享。语文阅读教学应始终高度重视学生差异、尊重学生的认知规律和学情差异，不仅考虑“教给学生什么”，还要时时思考学生“想学什么”，让学生在“多学”中感悟到“导”的价值。

（3）优化过程，追求双赢

语文阅读教学期待以最小的教学成本的投入获取最大的教学效益。教学不应是追求教学容量的最大化，而应是追求教学过程的最优化，阅读教学中的“少教多学”就集中体现了这样的观点。“少教多学”的“少”与“多”是个相对概念，“少教”是教得更好、教得更精、教得更有实效，“多学”不是数量的增加，而是让学生学得更主动、更科学、更有用。

阅读教学是一种重要的实践活动，阅读教学需要多元对话，诚如语文新课标所言：“阅读教学是学生、教师、教科书编者、文本之间对话的过程。”但就本质而言，阅读教学实践则由教与学两种活动构成，没有教师和学生的参与就无所谓阅读教学，教与学两者不可分割，“少教多学”也不例外，因此优化教学过程实际上就是优化教的过程和学的过程，既要关注教的活动也要关注学的活动，既要真正追求“少教”，做到以一当十、以少胜多，又要想方设法让学生“多学”。

从优化教的过程看，语文教师必须“少教”。语文教师要有侧重地讲，而且必须是精讲，必须能启智，必须能唤醒，要教在学生似懂非懂之处，教在学生的最近发展区，既要教得精要，又要教得易懂。教学时多给学生自主思考、实践、体验的机会，教师绝不能控制话语权，要尽量把更多的时间、空间交给学生，只在学生最困惑、最需要的时候，给予学生点拨和帮助，引导学生不断思考并进行质疑。

“少教多学”应该贯穿整个语文阅读教学全过程。“少教”不是不教，而是讲究在有限的时间内产生最大的效益。在教学过程中，教师不仅要关注学生不容易理解和误解的知识，清楚所教内容从何处来、归于何处、会发挥怎样持久的作用，还要关注教学策略，灵活地调动多样的教学手段。

阅读教学的重点是引导学生解读文本，通过智慧的“少教”，让学生“多学”，使学生理解文本。在阅读教学中，教与学的过程应该是师生共享的过程，师生通过解读文本，不断提高阅读能力。在阅读教学过程中教师既是与学生平等的对话者之一，又是课堂阅读活动的组织者、学生阅读的促进者。教师要特别注意，在解读文本时，要引导学生既要尊重文本，寻求理解；又要超越文本，学会建构。

首先是尊重文本，寻求理解。在文本解读时，只有认真感知、体验文本构筑的世界（包括文本的形象世界、情感世界和意义世界），探寻文本世界的意义，让自我文本化，才能走进文本。理解是一种积极而主动的参与，需要揭示出文本的本来面目和文本中蕴含的作者的思想情感，使自己和文本交融，从而同化文本意义。

其次是超越文本，学会建构。文本解读应是向文本敞开自己，从而创造一个扩大了的自我，在建构文本的同时也建构自己；应是通过文本解读，在文化认同中建构个体精神世界，在文化批判中丰富个体精神世界，在审美中提升文化素养建构水平。

在文本解读中，寻求理解和自我理解、建构文本和建构自我应该是双向并进的。一方面要引导学生感悟、体验“他人的世界”，另一方面也要让学生建构“自己的世界”。教师的“少教”就在于对不同类型文本的阅读指导应该有所侧重。如教学论述类文本，教师应引导学生着重思考思想的深刻性、观点的科学性、逻辑的严密性、语言的准确性，把握观点与材料之间的联系。如教学新闻类文本，就应引导学生从材料的来源与真实性、事实与观点的关系、基本事件与典型细节、文本的价值取向与实用效果等方面理解。如教学常用应用文，就不必做过多分析。如教学文学作品，就应引导学生设身处地去感受、体验，重视对作品中的形象和情感的整体感知与把握，注意作品内涵的多义性和模糊性，鼓励学生积极地、富有创意地建构文本意义。有时还应引导学生在阅读文学作品时努力做到知人论世，通过查阅有关资料，了解与作品相关的作家经历、时代背景、创作动机以及对作品的评价等，从而加深对作家、作品的理解。如教学古代诗文，则应指导学生学会使用有关工具书，自行解决古诗文阅读中的障碍。若能如此，学生的“多学”就应该是必然的了，教与学的双赢也将是必然的，师生双方都会得到发展。

我校的倪蕴佳老师在讲授《套中人》一课时，先让学生自读课文，提出问题（学生提出问题如下）。

1. 是什么因素造就了别里科夫的性格和他的悲剧？

2. 为什么“埋葬别里科夫”是一件大快人心的事？

3. 对于一个四十多岁还没有成家的人来说，恋爱结婚实在是一件大乐事，可他为什么迟迟不肯结婚？

4. 文中多次提到“套子”，指的是什么？

5. 为什么重点写“套中人”谈恋爱的故事？

6. 在文章的最后提到“埋葬别里科夫那样的人，是一件大快人心的事”，但又提到“从墓园回去的时候，露出忧郁和谦虚的脸相，谁也不肯露出快活的感情”，这是为什么？

然后让学生对提出的问题进行删选，看有没有同类问题，又有哪些是表层问题，从文中可以直接找到答案的。学生通过小组讨论发现问题 2、6 都是关于别里科夫的“死”的，3、5 都是关于“恋爱”的；其中，问题 4 可以从文中直接找到答案。

教师继续引导：是不是在解决其他问题的时候，也就回答了问题 1。在学生做出肯定回答后，教师说：“那么，我们今天就集中探究关于别里科夫‘恋爱’和‘死亡’这两个话题。”（投影）

恋爱：为什么以此为主线，别里科夫为什么迟迟不愿意结婚？

死亡：为什么“埋葬别里科夫那样的人，是一件大快人心的事”，但又提到“从墓园回去的时候，露出忧郁和谦虚的脸相，谁也不肯露出快活的感情”？

这样，学生通过提出问题、删选问题，对课本进行了初读、深读，有了自己的阅读感悟，发现了自己的困惑。带着这种体悟进行讨论，必定能够深入挖掘文本。

2. 在写作教学中践行“少教多学”

与阅读教学相同，基于“少教多学”的写作教学要以学生为中心进行教学。语文新课标明确指出，在写作教学中，要“为学生的自主写作提供有利条件和广阔空间，减少对学生写作的束缚，鼓励自由表达和有创意的表达，鼓励写想象中的事物”。在作文教学中我们坚持“少教多学”，其实就是自主学习理念的体现。“少教多学”就是要以精炼的课堂教学为主要途径来提高学生的写作水平。在教学中，要发挥学生的主体作用，同时也要发挥教师的指导作用。

在写作教学中践行“少教多学”教学思想要做到以下几点。

（1）拓宽阅读视野，积累写作素材

阅读积累是写作的基石。古人云：“读书破万卷，下笔如有神。”在知识的海洋里遨游，可以使人开阔视野，增长智慧，荡涤、净化心灵。中学生正处在人生观、价值观和世界观形成的重要时期，因此，教师要培养学生养成良好的阅读习惯，指导他们多阅读精品，不断增加他们的阅读量，使学生积累丰富的写作素材，以便写作时有话可说，写出的文章不至于空洞无物。

引导学生积累写作素材，教师还可以让学生随时摘录、写感受、有意识地背诵。可以让每个学生准备一个读书笔记本，把在阅读中发现的好词好句抄录下来，为我所用；指导学生写日记、观后感、时事短评等。学生的阅读量增加了，写作素材变多了，写作思维被激活了，写作思路开阔了，必然会产生写作的欲望，进而为主动写作打下坚实的基础。这就为实现“少教多学”提供了可能。

我校每周开设阅读课，鼓励学生通过笔记积累的方式“悦读”世界。每学期各个小组轮流组织“悦读时光”——读书交流活动。通过读书交流，进一步拓宽知识面，提高阅读兴趣，为“少教多学”奠定基础。

（2）提高口语交际能力，打好写作基础

学生在积累了写作素材后，还不一定能写出好文章来。这就需要教师对学生进行条理性的逻辑训练。教师可以从规范口语开始，当学生能用既流利又有逻辑性的口语进行交际后，再引导学生将其运用到写作中去，这就可以在很大程度上提高学生的写作能力。

在训练学生的口语交际能力时，可以充分利用每单元的综合性学习活动。在进行综合性学习时，教师要创造更多的机会让学生练习口语。如多组织一些演讲比赛、辩论赛等，由学生自己挑选感兴趣的话题进行演讲、辩论，使其真正成为学习的主人，激发他们参与口语交际的兴趣。当然，在综合性学习的过程中，教师不要只是简单地停留在口语训练的层面，还要将训练落实在笔头上，如让学生整理演讲稿和辩论内容或者写出自己对演讲及辩论的体会等。由口头表达到用笔写作是学生写作能力内化提升的过程，也为实现“少教多学”奠定了坚实的基础。

（3）增加写作练习，归纳写作技巧

书读百遍，其义自见。写作也是如此，只有写得多、练得多，学生才能从其中悟到一些写作的真谛，这往往比教师说十遍百遍有用得多。教师可以利用课堂这一教学主阵地，增加学生的写作练习。课堂上的写作训练，教师要注意由词到句，由句到段，由段到篇循序渐进地进行。如字词的积累、句子的仿写、片段的训练、篇章的整体谋划等。课下，教师也要鼓励学生多写一些小练笔，如日记、随笔等。

对于写作而言，只有量上的增长是远远不够的，还需要教师对学生的作文及时进行评价指导，指出文章的优缺点，让学生在修改文章的时候有的放矢。在学生修改文章的时候，教师要引导他们对写过的文章多总结，多反思。在总结反思自己文章的同时也要总结反思别人的文章：对好的文章要取其精华，对失败的文章要知其不足。在学生自我总结反思的基础上，教师予以点拨，和学生一起总结归纳写作技巧。随着时间推进，学生的写作水平就会提高，写作技巧也会随之提高。

（4）鼓励学生，激发写作兴趣

“兴趣是最好的老师。”教师要努力激发学生的写作兴趣，有了写作兴趣，学生就有了写作的动力。

教师要引导学生在写作中抒发自己的思想感情，让自己的思想在作文中恣意驰骋。教师要引导学生在写作中流露真情实感，体验写作的快乐。当学生在文章中体验到酸甜苦辣、喜怒哀乐的时候，也就是学生开始真正融入到写作中去的时候，也就是学生的写作兴趣真正被激发出来的时候。

为了激发学生的写作兴趣，教师给予及时的激励性评价是很有必要的。教师的评价、建议会对学生产生很大的影响，学生的写作兴趣和写作热情与教师的激励性评价是分不开的。“好学生是夸出来的。”所以对学生的评价应该以鼓励为主。对于学生写的作文，无论质量高低，只要他们付出了努力，教师就应该给予表扬。鼓励的方式多种多样，可以在学生的作文本上写下激励性的评语，提升学生的写作信心；可以在班上宣读学生的范文；可以把优秀的作文贴在墙上展览，甚至是打印成册发到学生手中让他们互相传阅。

我曾给学生布置了一个“书写我的家史”的作文题目，同时，给了他们比较充裕的时间去搜集材料。没想到题目一出，立刻引起了学生极大的兴趣。很多学生进行了一系列搜寻家史的活动，有些学生甚至为了寻找相关资料，回到了多年未回的老家，听年事已高的老人讲述过去的故事。这样一份情牵几代人、饱含深情的作文，让学生的灵魂得到了洗礼。在作文交流时，同学们都听得特别认真。那天，我对每个学生都给予了极高的评价：“真人、真事、真情，你们每一个人都做得非常好！”

当然，作文教学是一个系统工程，学生作文能力的提高不是一朝一夕就能实现的，它需要教师和学生的共同努力。真正实现教师的“少教”和学生的“多学”才会激发学生的写作潜力，最大限度地提高学生的写作能力。

3. 在文言文教学中践行“少教多学”

对于文言文的教学，多年来我们使用的方法过于单一，过分强调“老师讲，学生记”，实际教学效果并不理想。对于文言文这种比较难理解、难掌握的内容，无论我们怎么用心，怎样强调，学生就是记不住，不爱学，这是我们使用的教学方法出了问题。随着现代教育理念的不断深化，各种先进的教学方法、理念也不断出现，并融入教学之中。“少教多学”作为现代教学经常运用的一种新模式，在教学中得到广泛的应用。

“少教多学”的核心理念在于通过教师有针对性的、发展性的教学，来实现学生独立的、深入的、积极的学习，这是一种创造性的学习过程，旨在提高学生自主学习的能力。它打破了传统教学模式对学生的限制，是一种更开放，更具创造性的教学理念。对中学生而言，他们已经具备了一定的理解能力和思考能力，我们的教学应该从他们的角度出发，采用引导式的教学方式——少教多学。另外，高中阶段的文言文，具有一定的难度，如果采用单一的“长篇大论”“你教我听”的教学模式，不考虑学生的理解吸收能力，不对学生进行适当的引导，很容易影响学生的学习热情和兴趣。因此，在文言文教学中引入“少教多学”教学模式是很有必要的。我根据自己在语文教学岗位上多年的教学经验，具体谈一谈“少教多学”教学模式在文言文教学中的实际应用。

（1）文言文“少教多学”的前期引导

对于文言文教学而言，前期引导十分重要，适当的引导能提升学生的学习热情和兴趣，这是自主学习的前提和动力。

所谓“少教”，并不是我们理解上的少进行教学，或者不进行教学，完全依靠学生的自主学习，而是引导式的教学，通过有针对性的引导来激发学生学习的热情。文言文教学更是如此。高中阶段的文言文具有一定的难度，部分文章晦涩难懂，如果不提前进行引导，学生不知道学习文言文的目的以及学习背景，就很难真正喜欢这门学科，更别说独立进行学习了。因此兴趣引导很重要。比如《离骚》，这一作品距今年代久远，不好理解，它不同于其他的文章，如《赤壁赋》那样让人沉浸在气势之中，《鸿门宴》那样让人沉浸在情节之中，就其晦涩难懂的文字，读起来非常有难度。对于这类作品，前期引导是十分必要的。这到底是一篇怎样的文章，其中寄托了大诗人屈原的什么感情，要表达怎样的思想，屈原写作时所处的背景如何，简单的文字间又蕴含了什么情感等，这些前期内容如果处理好了，就会激起学生学习的热情，使他们愿意去了解，只有这样学生才会主动学习，从而达到“多学”的目的。实际教学经验也证明，经过前期的正确引导后，很多学生都会主动查字典，结合注释努力去弄懂文章内容，这不仅提高了学生学习的积极性和主动性，也提升了学生自主学习能力。

（2）文言文“少教多学”的教学设计

要更好地在文言文教学中应用“少教多学”，就要合理安排教学时间和教学重难点，有计划地进行教学。

合理安排教学时间有助于更好地完成教学。在传统的文言文教学中，教师占据绝对的主导地位，教师在上边讲，学生在下边记，大量的时间都用在了“讲课”上，学生自主思考和消化的时间很少，那些“消化不良”的学生就会被落下。我们在文言文教学中实施的“少教多学”教学模式，充分考虑到学生的实际情况，从学生的实际出发，有计划地安排课程，如提前安排课下预习时间、课堂上讲解时间、学生提问时间、学生自主发言时间，等等。尤其是对学生提问时间的安排，应尽可能地多，通过学生的提问，发现学生在学习文言文过程中普遍存在的问题，然后集中进行讲解，从而提高学生的学习能力，达到“多学”的目的。

(3) 文言文“少教多学”的创新教学方法

在文言文教学中应用“少教多学”教学模式，教学方法的创新也是不容忽视的。

一般来说，由于文言文的学习难度较大，因此对文言文的教学主要还是采用教师讲解的方法，这也是我们日常教学中最常见的方法之一。除此以外，要实现“少教多学”，还可以采用一些其他的方法，如竞赛法，在班级里组织文言文知识竞赛，把学生分成若干小组，通过比赛的方式来增强学生学习的热情。此外，针对学生文言文基础知识薄弱、学习兴趣低等问题，还可以通过背诵的方式来解决。背诵是增强基础知识、提升文学情感的重要方法。如《廉颇蔺相如列传》一文，其中的很多故事学生已耳熟能详，如“完璧归赵”“负荆请罪”，在丰富的故事情节的吸引下，背诵起来就容易多了。由于学生理解能力有限，很多学生在最初学习的时候只能感受其字面所传达的内容，对更深刻的思想内涵缺乏理解。而在背诵过程中，学生会对其中的每句话、每个字都产生更深的认识。这不仅有助于学生积累文言知识，还有助于写作素材的积累，可谓是一举两得。除此以外，还可以通过布置一些课下阅读作业来增强学生对于文言文的热爱。但要注意，课下阅读作品应该具有一定的趣味性和表现力，能反映一定的观点和主张。

“吾日三省吾身”，要想取得事业上和人生上的成功，反思很重要，而总结又是反思的前提。在教学中，教师应引导学生经常进行总结，让学生总结在本节课中学到的知识及方法，在整个学习过程中有何体会，有哪些还没有做到最好，可以采取怎样的方法补救等。每一节课都进行这样的总结，既可以培养学生持之以恒的态度，又可以使学生养成凡事总结的习惯，还可以教会学生总结的方法。

“少教多学”是现代教育推崇的一种教学模式，已有越来越多的教师把这种教学模式运用于课堂中。就高中的文言文教学来说，“少教多学”教学模式的运用，更多地关注了学生的主体地位及其发展，这是一种令人欣喜和欣慰的变化。但由于文言文教学有其独特之处，对于高中学生来说，文言文的学习确实有一定的难度，因此很多教师还应用传统的教学模式——在课堂上进行大量地讲解，忽略了学生的自主学习能力。这种现象的出现有其必然的原因，这也说明我们还需要在文言文教学改革方面进行进一步的探索，如何能真正、全面地实现“少教多学”教学模式在文言文教学中的运用，到底哪种方式更适合文言文教学，还有待广大教育工作者进一步的思考和研究。

在新课改的背景下，各地的教育教学改革活动正如火如荼地进行着，“少教多学”作为一种全新的教学理念被越来越多的教育者所认同，它从根本上颠覆了传统的教育模式，把课堂还给了学生。学生不再是被动地学习，而是主动地建构知识，真正成为课堂的主人。

然而，改革的过程并不是一蹴而就的，“少教多学”的真正落实也非一朝一夕之事，还需要教师的不断探索。

第五章

有效课堂

——教师课堂观思考

在社会对教学质量要求越来越高的今天，努力实践教学的有效性已成为当前促进教育可持续发展的一项重要任务。课堂教学是提高教学质量的主要环节，要想提高教学质量就必须打造有效课堂。

第一节　重视课堂教学的预设与生成

预设，是指预测和设计，是教师课前对课堂教学进行有目的、有计划的设想和安排。新课程指引下的预设应是一种以学生为本的预设、人性化的预设，同时更应是一种富有弹性的预设。进行这种预设时，教师必须充分关注学习的主体——学生。生成，是指生长和建构，是在师生与教学情境的交互作用中，以及师生对话互动中产生的超出教师预设方案之外的新问题和新情况。生成是相对于预设而言的。众所周知，真实的课堂并不是教案的精确复演，它随时会滋生出预设之外的新问题、新情况，这便是生成。这些新情况、新问题可以在师生的共同滋养下长成枝繁叶茂的思维之树，开出绚丽的智慧之花。在课堂教学中不仅要强调动态生成，更需要精彩的预设，预设是生成的基础，生成是预设的深化、拓展和升华。没有预设的教学是盲目的、随意的，没有预设的课堂是不负责任的。然而，再好的预设，也无法预知课堂教学中的全部细节。所以我们要摒弃严密的、封闭的、主观的线性教学设计，追求多维的、灵活的、开放的、动态的弹性设计。

布卢姆指出："没有预料不到的结果，教学就不能成为一门艺术。"因此，教师应加强课前教学设计的研究力度，充分预设教师、学生、文本之间多边对话时可能出现的情况。如学生在课堂活动中的状态与需求、学习兴趣、学习方法、思维方式、合作能力……我们只有尽可能地把课堂生成纳入自己的教学预设中，才能在课堂教学中做到游刃有余，真正实现预设中有生成，生成中有预设，从而达到最佳教学效果。

一、以人为本，预设学情

学生是课堂学习的主体，他们的心理素质和性格特征各不相同，知识水平和能力水平也参差不齐。而语文课程中又有大量具体形象的、带有个人情感和主观色彩的内容，在很多情况下，由于各人的知识背景、生活经验、感悟角度等方面的差异，面对同样的作品特别是文学作品时，学生会有不同的理解或感受，因此教师在对课堂教学进行预设时要从学生的实际入手，心中始终要有学生，要关注学生的学习状态（已有知识、学习能力等），研究学生的学习活动，细细揣摩学生喜欢学什么，喜欢怎样学，在学习中会遇到哪些困难，怎样的学习有利于激发学生的学习兴趣，怎样的实践平台有利于学生素养的发展……从学生的需要出发，从学生学习语文的规律出发，科学地预设与学习内容和学习情境相适合的问题。

二、立足文本，弹性预设

有备而来，不上无准备之课，这是科学而艺术地把握课堂教学中预设与生成的重要前提。新课程理念下，尽管教材不是“圣经”，但它仍然是发展学生语文素养最重要的资源。教师要想真正成为学习活动的组织者和引导者，就应深入研读文本，做文本的知音，经历反复阅读教材、仔细查阅资料、由冥思苦想到豁然开朗的过程，凭借自己广泛的阅读和丰厚的积淀、修养，对文本进行准确、深刻、独到的解读，唯有如此教师才能充分挖掘文本资源、创造性地使用文本，精心设计、认真寻找教材与发展学生语文素养的有效的结合点。许多成功的案例都表明，越是充分的预设，越能有效地生成。但充分不等于过于精细，否则生成就无立足之地了。在现代课程理论的指引下，预设更应是一种富有弹性的预设。语文是人文学科，有着丰富的内涵、多义的词语、多样的美感，且面对文本的心灵也是生动活泼、丰富多变的。所以，教师在教学过程中应根据课堂实际灵活使用预设，可以根据需要改变预设，重新设置适应学生需要的教学流程。

我听过一堂语文公开课，教授的内容是《山中访友》。授课教师将教学分为“创设情境，激活期待”“初读文本，清理信息”“合作共创，品语析形”“人文合一，动情悟神”“融情升华，发散拓展”五个环节，每一环节都加上了学情预估和策略应对。如在初读文本时，教师通过“我是在什么时间，怎样去访友的？访问了哪些朋友？”这个话题进行师生对话。对于这个话题，教师加上了学情预估：对第一个问题，学生可能会回答：“（1）在好的天气里去的。(2) 独自步行去的。(3) 带着好心情去的。”对第二个问题，学生可能会回答：“古桥、树枝、山泉、溪流、白云、瀑布、悬崖、石头、落叶、小花、柏树等。”对此，教师又设计了策略应对：对于好心情，教师要相机点出“哼”“踏”等词的妙处；对于朋友，学生回答“云雀”“蚂蚁”或只说了一种，教师均予采纳，以做下一环节的伏笔。在本课中，学情预估和策略应对周密而有弹性，这样的预设会让动态生成更精彩，同时让即时生成因预设而更丰富，体现了教学的活力。

三、充分预设，有效调控生成

尽管教师课前有充分的预设，但在与文本对话、师生思维碰撞的过程中随时都会有出乎教师预料的信息生成。面对生成，教师要及时捕捉、准确辨别、有效调控，变生成资源为教学资源，使课堂闪烁智慧、富有灵性。当学生对文本本身的理解超过语文范畴时，教师要加以正确指引。在语文课堂上，捕捉生成、利用生成是为了让学生更好地感受语文、体会语文，对那些超过了语文范畴的生成，无论多精彩，教师都应该巧妙地将学生的视角引回到语文中来，让课堂因教师对生成的及时、有效调控而精彩。

我听过一节《狼》的研读课，教师就没能及时捕捉学生的生成。在教师分析狼的性格特征时，有学生提出疑问：“‘一狼得骨止，一狼仍从’不能表现狼贪婪的性格。饥饿至极的狼出于求生的本能，寻找食物充饥是正常的行为和要求，人在饥饿的情况下不也猎杀野生动物充饥吗？那说明人也是贪婪的，既然人是贪婪的，那就没有资格说狼是贪婪的。‘一狼洞其中，意将隧入以攻其后也’不能说明狼的愚蠢。狼的这种做法愚在何处？这种‘明修栈道，暗度陈仓’的做法，恰恰表现出狼的高超智慧。历史上的长平之战、楚汉战争不都是使用这种战略而一战定乾坤的吗？只不过狼没有抓住有利时机罢了。”很可惜，对于这些疑问，授课教师没有以平等的态度、和蔼的语言给予肯定，而只是让这位同学坐下，未予以任何评价或解释。其实，这位教师完全可以抛开课前的预设，对学生进行大胆的引导，以促进生成。

课堂教学是千变万化的，再好的预设也不可能预见课堂上出现的所有情况。无法预见的精彩会时时迸发，教师只有把关注的焦点真正放在学生身上，思考学生在做什么，他们需要什么，进而充分地预设，在课堂上放手让学生生成，再加以适当引导，我们的课堂才能真正成为学生的课堂，我们的语文教学才能真正以学生为主体。

有一个故事，群羊在头羊的引领下冲向了茫茫雪原，没有一只另辟路径，结果无一生还，这就是盲从的结果。由此我想到了语文教学，课堂的预设与生成其实也需要不盲从。我在一次优质课比赛前，听取了专家的意见，看了一系列名师的课堂实录，设计了自己和指导教师都有认为很好的教案。但没有想到，在教学过程中遇到了学生没有生成、课堂气氛沉闷等问题，可我并没有改变教学设计，结果以失败告终。这就是没有重视教学的预设与生成、盲从名师而造成的恶果。

另一次参加优质课比赛，我讲授的是鲁迅的《药》，明暗两条线索、文章中心等在我的引领下，一一顺利完成。但我总感觉学生对文本的理解还不够深入，于是课堂上和学生讨论互动，迅速生成一个问题：文章中有在处决夏瑜时狗一只也没有叫的描写，为什么狗一只也没有叫？问题一出，学生立即活跃起来，有的学生说是实写狗确实没有叫，有的学生说是“白色恐怖”吓得狗不敢叫。我觉得这两种说法都不具有充分的说服力，于是再次引导学生详读文本，并向学生暗示：华老栓的心思全在人血馒头上。学生终于得出结论：狗不是没有叫，而是华老栓没有听见，因为他所有精力都投入本不能救他儿子却又沾满拯救他和他儿子的革命者鲜血的人血馒头上，这更加突出了华老栓的愚昧。据此，学生对文本的理解又深入了一层，达到了事半功倍的教学效果。

教学永远是一门有缺憾的艺术，不可能十全十美。如果一堂课教师讲得酣畅淋漓、痛快过瘾，说不定学生的活动就不充分；如果学生的讨论积极热烈、发言口若悬河，可能恰恰缺少冷静的思考与哲理的思辨。每一堂课后，教师总会有点不满意。追求完美是我们永远的企盼，但现实生活中没有完美。完美的课堂可望而不可即，为自己的课堂创设亮点则是现实可行的事情。在备课活动中，围绕课堂教学目标，根据教学内容，精心设计教学环节，让自己的每一堂课“亮”起来，是行之有效的办法。

在教学《祝福》一课时，学生对于“祥林嫂”的称呼进行了激烈的讨论：“为什么大家要叫她祥林嫂？”有的学生说中国古代对女人有“三从四德”的要求，出嫁从夫，自然不能继续保留自己的名字，所以大家叫她“祥林嫂”。但有的学生又说：“既然人们习惯按丈夫的名字来称呼女人，为什么祥林嫂第二次到鲁镇的时候，大家不叫她“贺六嫂”？那时她已经改嫁了贺老六，为什么大家仍然叫她祥林嫂？”有的学生认为可能是大家叫习惯了，不愿改口。教师引导学生再讨论，最后得出结论：祥林嫂被迫改嫁，遭遇悲惨，鲁镇的人们只给予廉价的同情，甚至不按习惯称呼她“贺六嫂”，暗示了整个社会不承认她改嫁的态度。因此，“仍然叫她祥林嫂”这一不起眼的做法绝不是习惯使然，而是反映了封建礼教对寡妇再嫁的完全否定，反映了整个社会环境与祥林嫂的严重对立，祥林嫂最终被人们彻底抛弃，也就不足为奇了。《祝福》中祥林嫂两次到鲁镇做工，前后身份有所不同，但小说中人们对她的称呼没有发生变化，这不能不引起深思。

世界上没有两片相同的树叶，人更是各种各样，每个人都有着自己成长的足迹，教师可以引导、促进和帮助学生，但绝不能限制学生。要真正解放学生，教师就要珍视学生独特的体验，让他们用自由的身姿舒展生命的惬意，徜徉在语文那片色彩斑斓的天空中，让学生在神思飞扬中真正地拥有自我。

映阶碧草自春色——台阶上的小草虽然不起眼，但诗人发现了它的生命价值，发现了每一个生命独特的春情、春意。如果我们每一位教师都能这样，用自己的慧眼去捕捉课堂中的每一朵浪花、每一抹亮色，让学生自由畅谈自己真实的想法，使学生在对话中生成，在生成中引导，在引导中感悟，那么我们的课堂也会萌发个性化的气息，我们就会听到学生灵动的表达，我们就会在课堂中找到作为一名教师的幸福。

第二节　避免无效课堂行为

随着新课改在全国范围内的全面实施，实现高效课堂已成为新课改中最中心、最紧急的任务。课程改革的核心环节是课程实施，而课程实施的基本途径是课堂教学，课堂教学的改革才是课程改革的根本出发点和归宿。课堂教学中，教师的教学行为非常关键。毕竟，教师是教育制度和学生之间的接触点，任何教育课程或革新都是通过教师对学生发生作用的。因而如何使教师的教学行为更有效，是教育管理的一个重要目标。如果我们能及时发现并纠正课堂教学中的无效教学行为，使课堂教学环节优化，使教师课堂教学行为更加高效，那么大面积提高教育教学质量就不再是一句空话。

一、无效课堂教学行为表现

所谓无效课堂教学行为，是指教师在课堂教学过程中偏离教学目标、违背教学规律、忽视教学对象而产生的诸多违背新课程理念的教学行为。无效课堂教学行为严重干扰教学效果，对新课程的实施产生负面影响，却常不为教师所注意。无效课堂教学行为主要表现在以下几方面。

项目	无效课堂教学行为表现
课前组织	教室秩序混乱；上课时教师才布置任务；上课铃响后教师才进教室；学生课前准备不充分
课前复习	基本不进行复习；复习知识针对性不强；复习占用时间过长；复习重点不突出
课堂导入	缺乏新意；导入时间过长；与教学内容联系不密切

（续表）

项目	无效课堂教学行为表现
师生精神面貌	部分学生精神不集中；学生回答问题不积极；教师讲课沉闷、缺乏激情；教师缺乏调动学生学习兴趣的手段；教师乱发脾气
课堂语言	不精练，重复啰唆；普通话不标准；语言平淡，缺乏感染力；语速过快
课堂提问	问题简单，无思维容量；集体提问多，个人提问少；不给学生思考的时间；问题不明确、不清楚；先选学生后提问；提问随意，无代表性
教师理答方式	无评价或消极评价；评价缺乏鼓励、赞杨；打断学生回答；不注重引导、启发；评价语言不精练；对回答不好的学生进行惩罚
课堂目标确定	目标确定过高或过低；补充过多，影响主要内容；缺乏分层教学的目标；重难点不明确
情境设置	基本不设置情境；与课堂教学内容不协调；情境陈旧，难以调动学生的积极性；忽略学生的认知特点和兴趣指向
课堂小结	小结仓促或无小结；只是知识的简单重复；形式单一，收效甚微；教师代替学生小结
导学提纲	无导学提纲；问题设计不到位；使用效率较低；把导学提纲当成练习
讲练结合情况	只讲不练或讲多练少；先集中讲后集中练；少迁移性练习；练习设置过难；讲、练不及时
师生互动	教师一言堂；双边活动方案设置较少；教师包揽多，学生参与少；课堂气氛沉闷，互动少
作业布置	作业过多；作业针对性差；作业未精选；缺乏对重点知识的反馈

二、部分无效课堂教学行为表现分析

1. 无效设问

有些教师一揭示课题后，马上就问："你对这个课题有什么想法？""说说你看到这个课题后想知道些什么？"表面上看是想激发学生学习、探究的兴趣，其实效果并不好。这篇课文讲了什么，一读课文就知道了，而且对于这篇课文学生事先已经预习了，教师提这种问题，实属为提问而提问，是浪费时间。长此以往，学生就会养成动嘴不动脑的坏习惯。

2. **无效讨论**

新课改后许多教师为了体现合作探究学习方式，注重引导学生广泛参与，这本是很好的。但有些教师，只要学生有疑问，无论难易，甚至是一些毫无讨论价值的问题都要让学生在小组里讨论，从而导致很多看似热热闹闹、生机勃勃的交流互动，其实是一种无效教学。

另外，在小组讨论教学中，有时由于操作不当，管理监督不到位也会导致无效讨论。如有的教师在教授小说类文本时，要求学生在小组内分角色朗读课文，以体会人物的心理、情感。可是几分钟过去了，有的小组还在争论谁读什么，谁演什么。分角色朗读演变成了滑稽的争论。

3. **无效评价**

评价的目的是为了让学生得到更好的发展。教师的教学应该为学生的学习服务，教师的课堂评价也应该为学生的进步和发展服务。但有些评价是无效的，如我们经常在公开课上看到，只要学生回答了问题，教师就会做出诸如“好，非常好”“大家为他鼓掌”“你真聪明”之类的肯定和表扬。教师评价的目的是为了让学生享受成功的愉悦，进而树立其学习的信心，当学生智慧的火花闪现时，教师给予肯定是无可厚非的，但是只要学生一发言就说这些鼓励、肯定的话，则会失去它应有的价值和意义。

4. **无效诵读**

推行新课改后，教师们空前重视诵读，走进语文课堂，琅琅读书声不绝于耳，诵读在阅读教学中得到了回归。于是，教师在课堂上无论什么文章都采用诵读的方式，如指名读、分组读、轮流读、全班齐读、男女生对读、师生配合读、教师范读、分角色读等，生怕课堂安静下来，好像安静就代表着冷场。“书声琅琅”成了课堂最值得炫耀的亮点。

实际上学生沉浸于文本中，不是一般性地接触文本，而是作为个体生命进入作品，是情与意的交融，言与思的汇合。因而，应给足学生阅读的时间，但不一定非得要他们大声诵读，也可让学生以自己的方式充分与文本零距离接触，与作者的心灵碰撞，这样学生的思维才能自由发散，学生的想象才能自由飞翔。

三、根除无效课堂教学行为的几点想法

1. 重视课堂教学预设和生成

教师必须本着对学生高度负责的态度，精心备课，“拧干”教案。切忌在课堂教学中随心所欲，自由发挥，想说就说。即使有些内容确实有益教育，但与本课无关，就应果断禁讲，或者选择一个时间专门进行讲解。教师既要注重高水平的预设，又要注重动态的生成，从而提高课堂教学的效率。

2. 用筛选法提高课堂设问和合作探究的有效性

筛选法是指利用一段时间启发学生使他们尽可能多地提出问题，然后集中筛选出有效问题，再进行探究。经过筛选的问题具有计划性、针对性、启发性，能激发学生主动参与的欲望，有助于进一步培养学生的创造性思维。

3. 锻炼教学机智，提高课堂评价的有效性

教学机智不是天生的，而是需要教师经过艰苦磨炼和用心领悟才能形成的。教师要在短暂的时间内做出反应，这种能力并非与生俱来的，更不能寄托于教师随心所欲的“灵机一动”，而是需要教师积累各方面知识，只有“厚积”才能“薄发”。在教学实践中，教师总会经历困难、挫折，甚至失败，因此要养成在遗憾中反思、在成功中总结的好习惯，随时把教学中的一孔之见、一思之得记录下来，把教学中的失误和疏漏记录下来，教学机智就会在锻炼中得到提高。

附

因势利导　面向更加宽广的大海

——《传情达意——几个意象的探讨与学习》教学反思

1. 背景描述

在当今大力提倡新课改的情况下，很多语文教师都会碰到课前预设与课中生成之间的摩擦。面对这个问题我们应该如何处理呢？教师在处理该问题时容易出现两个极端：一个极端是过分注重学生的课堂生成，致使教学任务无法完成，更甚者使教学偏离了教学轨道；另一个极端是将学生圈固在教师设定的小圈子里，仅为完成课前设定的教学目标而教学，即过分

注重课前预设，这会对学生形成无形的束缚，限制学生的自由发挥。

2. 细节描述

在讲授《传情达意——几个意象的探讨与学习》一课时，学生的表现让我大为感动，也引发了我深深的思索。课前我让学生搜集一些关于“芳草”“流水”“杜鹃”“大雁”等意象的典型诗句，并在搜集这些诗句的基础上，要求大家进行归纳总结，说说这四个意象在诗句中的含义，并在课上一起交流。结果学生不仅对搜集的诗句做了认真的研究，精确地说出了这些意象在诗中的含义，还能够追本溯源，说出为何这些意象具有如此的含义，以及在何种情境下会被用到。这大大超出了我的想象。我也为这节课做了精心的准备，制作了课件，并在课件上显示了这些意象在诗句中的含义，可是上课时我发现，课件已经不能再用了，因为其内容远不如学生总结得详细与鲜活。甚至他们的热情也“燃烧”到了我，让我也愉快地参与到他们的探讨当中，谈了自己对这些意象的感觉：

“那站在黄鹤楼上的崔颢，望着‘晴川历历汉阳树，芳草萋萋鹦鹉洲’，却茫然不知‘日暮乡关何处是’，那烟波江上蔓延的愁绪又与何人诉说呢？还有辛弃疾，‘春且住。见说道，天涯芳草无归路’，留春不住，芳草无路，十几年就这样匆匆流失，而国家仍然残破不堪，焦虑的他满腔的爱国热情又与谁去诉说呢？还有吴文英的‘故人楼上，凭谁指与，芳草斜阳’，有一种人去楼空、凄凉寂静之感。还有贺铸，也‘试问闲愁都几许’回答他的只有那‘一川烟草，满城风絮，梅子黄时雨’。这些诗人正处在或者国家危在旦夕，或者故乡遥遥无望，或者好友即将离去，或者爱人魂魄归西的境遇里，满腹剪不断理还乱的愁情更与何人说呢？唯有那原上离离的芳草，萋萋满是愁情……”

班上的赖梦芸同学，在我谈完自己的感受后，更给了我一份大大的惊喜，她对“杜鹃”这个意象不仅总结得特别细致，还即兴填词一首：

一壶酒，一盏愁，歌罢泪青衫（座中泣下谁最多？江州司马青衫湿），抬眼处，商女不再（商女不知亡国恨），杜鹃血尽（望帝春心托杜鹃），雕栏易朱颜（雕栏玉砌应犹在，只是朱颜改），空留水长流（恰似一江春水向东流）……

同学们的学习激情一下子被这优美动情的文字点燃了，全班学生都向她送上了热烈的掌声，甚至有几个同学跃跃欲试，也想写诗填词。而我却局限在几个意象的讲授上，单纯为了完成自己课前设定的目标进行教学，将学生的热情给“忽略”了，匆匆开始了下一个教学环节。

3. 案例分析

这个案例说明，教师一定要有丰富的知识储备和对文本的理解能力，这样，在学生的激情回答下，才能根据学生回答问题的情况，利用自己的知识储备，引导学生走向更加宽广的境界。而对于教师来说，真正的知识储备不仅仅来源于课堂，“汝果欲学诗成，功夫在诗外”，还需要进行大量的阅读与学习。

4. 教学思考

(1) 应重视备课。在我刚踏上讲台时，老教师就告诉我，备好一堂课其实需要一辈子的时间，这里有知识性的因素，有情感性的因素，更有人生哲理性的因素。但我当时并不理解，现在终于明白这句话的含义了，我也因此认为自己做得还远远不够。比如，这节课我对学生的能力估计不足，所以教学设计内容较浅显，结果发现我准备的内容竟然不如学生的精彩、鲜活。

(2) 课堂上要充分利用教师的主导作用。教师的因势利导是一种驾驭能力，更是一门艺术。在课堂上，教师不仅要调动学生学习的积极性，还要抓住学生的探究心理和学习热情，将学生这种积极性发挥到极致，使学生去思考、去接受，甚至去创造，从而改变自我。这就要求我们教师在课堂上要充分发挥学生的主体性，因为学生是学习的主人。课堂毕竟是学生求知甚至是“挖宝”的课堂，我们应该把课堂还给学生。课堂教学不是单纯的教师的表演，或完成教师预设目标的过程，况且，曲高和寡，是不会收到应有的效果的。学习的过程是学生主体感情投入，有所体味、有所感悟从而改变自身的过程，而不是对知识的死记硬背或者被动接受。而我在这堂课前所设定的是死目标，只是让学生做到单纯的理解与接受，却忽略了学生的情感是鲜活的、感受是多样的。著名教育学家苏霍姆林斯基说过：“教育者应当深刻了解正在成长的人的心灵……”而我这节课恰恰忽略了学生独特的情感体验。如果我可以多拿出更多的时间给学生，让他们自由发挥，让他们谈谈自己的理解与感触，那将会成为他们灵感的激发点，会引导他们去探索与发现。教师只是在海面上教学生如何掌舵的人，真正让这艘船驶向大海的还是学生自己。

(3) 师生互动，点燃激情。并不是只有教师能点燃学生的激情，学生也能点燃教师的激情。课堂本身就是一个互动交流的场所，教学相长就是在彼此情感的流动中实现的。因此教师除了激发学生的积极性，还应在学生的激情中，去燃烧自己，真正成为学生中的一员，把握学生跳动的脉搏，与学生一同感悟成长，唯有如此才能让课堂活色生香。

《小狗包弟》教学设计

管霞

(板书：小狗包弟，巴金)

一、情境导入

师：同学们，心有多大，舞台就有多大。课堂就是展示我们风采的舞台，你们准备好了吗？

生：准备好了。

师：同学们，今天的课文将为我们讲述一位老人和一只小狗的故事。可是老师没养过狗，在座各位同学有养过狗的吗？(大家纷纷指一个同学)这位同学能不能给我们介绍一下？

(该学生并未回应老师。)

师：这位同学可能有些害羞，大家掌声鼓励一下吧？

(该学生还是没有回应。)

师：看来你和小狗的感情真的很好，你已经用你的肢体语言告诉我们了："我无法用言语来表达！"那我们再找一位同学吧。

(另一位女生站起来介绍自己家小狗的情况。)

师：你真是一个有爱心的小朋友，善于观察，热爱生活！同学们，狗很有灵性，能与主人同生死共患难。今天的课文将为我们讲述一位老人和一只小狗的故事，它就是《小狗包弟》。

(出示学习目标。)

二、理清思路，了解内容

师：首先我们检查一下预习情况。包弟是一条什么样的小狗？请为它填个小档案。

生：包弟，曾用名斯包弟，籍贯日本，旧主人是瑞典人，包弟个性比较乖巧，且温顺，忠诚——

师：小狗的性格从哪里看出来的？

生：“同我们一家人处得很好”“作几个揖，讨糖果吃，引起客人发笑”，说明小狗的性格很好。

师：小狗这么讨人喜欢，主人对小狗怎样呢？

生：也喜欢，文章中说作者一看见它就笑，三年困难时期，作者的爱人还总是向服务员讨骨头喂小狗。

师：这位同学从文中找到了论据，非常好，而且他找得非常准确。我想再问问这位同学，你认为这句话里哪个字用得好？可以表现主人对包弟的喜爱？

生：“总”这个字表明他们一直非常喜欢小狗，即使困难时期也不忘小狗。

师：分析得不错，这句话中的“讨”也不错，作者的爱人放下尊严为小狗讨骨头，是不是更能表现他们对狗的喜爱之情？

生：是的。

师：那么，这么可爱的小狗，它的结局如何？

生：被主人送到了解剖台，死掉了。

师：那么，最能表现作者写作情感的句子是什么？

生：是“不能保护一条小狗，我感到羞耻”这句话。

师：这是作者的自责吗？作者写本文的目的仅仅是表达自责吗？（生摇头）再找找。

生：是“我怀念包弟，我想向他表示歉意”。

师：是的。这就是作者的写作目的，也是最能表现他写作情感的句子。（板书：怀念，道歉）这就是文眼。就像我们学过的《荷塘月色》，文眼是哪一句？

生：开头第一句。

师：对，“那几天，我的心里颇不宁静”就是最能表达作者写作情感的句子，就是文眼。

师：同学们，这个故事就是关于“我”和小狗的故事，那么，为什么开头却写艺术家与狗的故事呢？

生：这样写，可以引起下文，引出关于小狗的故事。

师：哦，就是先写一个悲惨的故事，引起下文小狗包弟的故事。理解正确，这是结构上的作用。还有其他用途吗？

（生摇头。）

师：咱们再来读读文本。古人说得好“书读百遍，其义自见”。下面我们请一位同学来读一下第一段，其他同学思考第一段的作用。

（生读课文，语速较快，情感把握不是很到位。）

师：这位同学有点紧张。这样吧，咱们合作一次，你读一句，我读一句，我们慢一些，尽量揣摩情感，读出情感，好不好？

（生点头。师生交替朗读。）

师：这一遍好多了，重读、停顿比较自然流畅。同学们，读文章实际上是一次触摸作者心灵的机会，文章读好了就等于走进了作者心中，现在想一想第一段的作用是什么？

生：这是一个感人的故事，听了让人很难过。我想可能下文也是很悲惨的故事。

师：对，你体味得非常好。它的作用就是奠定感情基调。这是散文、诗歌常用的手法，比如《琵琶行》开头两句。

生（齐）：浔阳江头夜送客，枫叶荻花秋瑟瑟。

师：对，它的作用就是奠定全文忧伤的感情基调。那么，第一段的作用从结构看，为引起下文包弟的故事；从内容上看，讲艺术家与狗的悲惨故事，奠定全文“悲伤”的感情基调，当然，也体现出作者对包弟的怀念和歉意。

三、分析文本，把握情感

师：作者非常喜欢包弟，怎么会将它送往解剖室呢？包弟没有犯罪，何以让作者胆战心惊以至于将其送走？包弟之死，谁之过？

［生思考，有的学生小声说“文化大革命”（以下简称“文革”）］

师：这样，咱们前后四人一个小组讨论一下，然后每组选一个代表发言。

（学生小组讨论。讨论之后回答。）

生：在“文革”那个特殊的时代，“红卫兵”要抄“四旧”，小狗一叫，“我”就特别担心，所以“我”就把狗送走了。

师：你是说，小狗生不逢时。（生笑）狗吠就成“四旧”了？刚才还说小狗通人性啊，怎么回事？

生：狗好像是“红卫兵”“破四旧”的对象，我也不知道。

师：我记得有一个同学在预习作业上查了“破四旧”的概念，我们请他来给我们读一读。

生：“破四旧”，是“文革”用语，指破除一切封建的资产阶级的意识形态。具体内容：破除旧文化、旧思想、旧习俗、旧习惯。养狗奢侈，如果“红卫兵”说小狗是资产阶级的“毒草”，主人肯定受牵连。所以，小狗成了全家的包袱。

师：查得非常翔实，原因分析也很合理。还有补充的吗？

生：我觉得还有作者的原因。他很自私，逆来顺受，胆小怕事。为了保全自己就把包弟送走了。

师：这位同学归纳得很好。大家都同意吗？

（生纷纷点头。）

师：可是我觉得还有一个原因。大家可以从小狗的角度去想。

生：是不是因为包弟是“一条日本种的黄毛小狗”？还有一位瑞典的主人？

师：现在有很多人专养国外名贵品种的狗，也没有听说不敢养以至送进解剖室的啊？

生：小狗是国外的品种，作者就担心自己被冠以媚外的“帽子”。而且文章第一段提到艺术家因为有人“说他‘里通外国’”就惨遭批斗，我想作者肯定也担心“红卫兵”闯进自己家来。说到底，还是那个荒谬时代的问题。

师：想象大胆，分析合理！你归纳得很正确。就因为狗是国外的，就怀疑人家主人，这是什么逻辑？真像这个同学说的那样，一个荒谬的时代注定小狗命运的悲剧。那么想一想，那是个什么样的时代？能不能从文中找出相关句子来证明这个时代的荒谬？

（师做示范，先分析两个句子，大屏幕出示例句。）

师：第一句中“掉开头去”的会是谁？第二句中小狗的动作表现了什么特点？

生：掉开头的可能是麻木的人，或者是怕艺术家连累自己，同情他，却不敢救他的人。

师：请分析分析第二个句子。

生：小狗的动作表现出小狗与艺术家的友好亲密。即使别人都不管艺术家，小狗依然不离不弃。

师：能否联系上一句看出其深刻性？

生：人的良知竟然不如狗！

师：是啊，这个强烈的对比就是想告诉我们：“文革”中，人性还不如“狗性”！“文革”把人的心灵扭曲成什么样子了？请同学们找一找，文中哪些地方表现了人性的扭曲、时代的荒谬？

（学生默读之后，举手回答。教师适时点拨。）

生：小孩子都吵嚷着要杀狗。原本最天真无邪的孩子也成了施暴者，可见人性的扭曲。

生：“红卫兵”到邻居家抄“四旧”，连见多识广的巴金都觉得“很可怕”。

生：文中最后一段说“说谎成风”，可见当时是非正常的社会。

师：连著名的作家巴金都保护不了一只小狗，可见当时的社会真是很乱了。别说保护小狗，作者也自身难保。1966 年，巴金 62 岁，7 月参加亚非拉紧急会议，8 月就开始写检查，被批斗，强迫劳动，关在机关办公室的“牛棚”里，9 月被抄家。妻子萧珊得了癌症连住院都得不到允许，何谈保护小狗？

（课件出示：这是个什么样的时代？）

（师补充“文革”资料。）

（课件出示，生读。）

师：在那个时代，谁都一样，作者也不例外，一些领导人都不能幸免，何况一只狗呢？人狗同命，狗犹如此，人何以堪！回到最初的问题：包弟之死，谁之过？既有小狗自身的问题，也有作者的自保问题，归根结底还是社会问题。小狗处于社会金字塔的最底层，它忠实于它的主人；处于社会的人，具有很强的社会性，归属于他所在的社会。当社会处于非正常状态时势必影响人的本性；当人的性情发生扭曲，小狗的悲剧就发生了。

师：同学们想一想，写一只小狗的遭遇，反映连一只狗都无法逃过劫难的“文革”现实，这是什么写作手法？

生：以小见大。

师：是的。用一个点、一个侧面展示深刻的主题——以小见大。

四、品味语言

师：为了自己的利益，巴金先生不惜牺牲小狗，把小狗送上了解剖台。虽是被逼无奈，但是巴金认为他犯了错，有罪过，一再表达对小狗的愧疚之情。同学们，请浏览文章最后 4 个自然段，迅速找出表达这种感情的句子。

（生读最后 4 个自然段，并读出表达这种感情的句子。）

师：找得很准确，但是没有读出认错的情感，应该怎么读呢？（指一名学生）你能否再给大家试读一下？

（生读。）

师：读得好，节奏缓慢而语气沉重，让人感到了作者内心的痛苦，请带着同学们一起再读一读。

（生领读。）

师：文章读好了就能触摸到作者的内心，同学们抓住了体现作者懊恼的音符，所以读出了情感。想一想，这仅仅是向小狗道歉吗？

生：解剖自己，表达忏悔。

师：在“文革”之后，每个人只要说一句“都是‘四人帮’惹的祸”就非常轻松了。而巴金以 78 岁高龄，仍要执笔成文忏悔当年的所作所为，这有什么意义？

生：希望我们铭记这段历史，不要忘记这段痛苦的回忆。

师：一个受害者的严肃反思，是一个正直心灵的自审，是对人性的大胆解剖。巴金想让每个人都意识到：人应该怎样立足在这个世界上，如何做一个天底下大写的人。他想让所有人知道，一个民族应该怎样看待自己的过去。“文革”不应该是禁地，这段历史不能回避！鲁迅说：真的猛士——

生（齐）：真的猛士，敢于直面惨淡的人生，敢于正视淋漓的鲜血。

师：是的，只有直面历史，人才是完整的人；只有正视历史，一个民族才能健康发展。所以这份忏悔的意义在于审视自我、拷问良知、铭记历史。

师：周国平说，人最高贵的是灵魂。今天我们一起走进了巴金真实的精神世界，我相信它给我们在座的每个人留下的是精神上永久的震撼，让我们远离庸俗，保护自己真实而高贵的灵魂吧。

五、推荐阅读

巴金《随想录》　冯骥才《一百个人的十年》

六、教学反思

在师生的配合下，一堂课的教学轻松愉快地完成了。这超出了我的想象。可以想到，如果学生不积极讨论，而是由教师分点逐一去讲，该是多么枯燥！

本来以为，这篇散文写的“文革”时代距今遥远，学生也许会对那个时代发生的许多事感觉奇怪，甚至觉得不可理喻。但一上课我才发现，大可不必过度紧张，学生已经真正走进了作品，能从中体会巴金老人悲天悯人的伟大人格以及严于解剖自己的意识。教师要真正放手，相信学生，相信他们对作品的人性美、人格美有着相当敏锐的感受力。毕竟，拷问人性，呼唤人性中的真善美是文学中永恒的主题。更可贵的是，在互动的过程中，学生不时会给我惊喜，如对词语的理解、对“文革”的看法等，这大大激发了我的积极性，促使我随之一起思索，真可谓教学相长。

在“分析文本，把握情感”环节中，我让学生从简单的文字描写中寻找时代荒谬的影子，透过质朴无华的文字感受作者自我解剖的深沉。这样做，比单纯介绍“文革”、补充“文革”资料更有意义。学生是有悟性的，在“品味语言”环节，他们从字里行间感受到作者的自责和忏悔，而且深深理解了作者的忏悔在当初乃至现在和未来的深远意义。

本课的教学让我认识到：每一节语文课都应该是不可重复的激情和智慧相伴生成的过程，都应该是让学生尽情表达自己感受的过程，而不应是一成不变的僵化程序。因为学生是具有主观能动性的人，他们使课堂教学呈现出丰富性、多变性和复杂性。教师要善于抓住课堂上的每一个契机，为课堂生成制造空间，从而给学生搭建展示个性的平台。

一堂课让我有如此大的收获，也让我更加相信，只要坚持下去，及时反思，及时总结，定会收获累累硕果。

七、课后点评

这堂课得到了听课教师的一致好评。

1. 学生参与性高，真正体现了新课改的“以人为本”

语文要显示语言文字的力量，具体体现为对文本的真实挖掘，本节课生动地诠释了这一理念。在教学过程中，授课教师不是单纯以文本的分析代替学生的阅读实践，而是让学生在积极主动的思考和情感活动中，通过自己的理解和体验来获得思想的启迪。让学生在文字间去归纳、去揣度、去品味、去表达，使学生在文字细微处体味到了血泪。琅琅读书声回荡在教室里，这种“把课堂还给学生”的新课改理念感动着每一位听课的教师。

2. 教师指导方法巧，少教才能多学

首先，授课教师以两个重点句子的分析为范例，让学生从评点中逐步掌握了理解句子含义的方法和要求；其次，让学生自主实践，师生互动、生生互动，使学生在思索中理解，在探究中提高，在讨论中顿悟；最后，引用名人的话结束课堂。整个学习的过程就是大家交流的过程，是理性与感性结合的过程，是由浅入深、循序渐进的过程。整个教学活动突出了“授之以渔”，突出了“学生为主体，教师为主导”的理念，体现了新课改精神。

在教学过程中，教师的尊重促使学生拓展思路、展开想象，真正还学生“真本性”。授课教师在学生交流之前，总不忘提醒学生认真听；学生发言后，授课教师及时点评。授课教师始终用欣赏的眼光看待学生，让学生在讨论环节中，相互启发、相互补充、思维相互碰撞，从而获得了新知，达到“润物细无声”的效果。因而，这堂课是工具性和人文性、文学和美学的水乳交融的结合。

第六章

自主高效
——教学模式思考

当我们提到某种教育现象时，习惯使用“模式”的说法，并对此说法表现出浓厚的兴趣。许多教师也总是热衷于宣扬和模仿某模式，好像有了某一模式就必然会达到相应的教学质量。更有甚者一旦认定了某一模式，就会用这种模式去统一教学，从而排斥其他教法。当然，出于对教学改革的考虑，在教学中尝试多种模式未尝不可，但我们不能盲目地照搬。

第一节　教学模式概述

一、教学模式的含义

教学模式是在一定的教学思想或教学理论指导下建立起来的各种类型的教学活动的基本结构或框架，是经验与理论之间的一种具有可操作性的知识系统，是再现现实的一种理论性的简化了的结构形式，是教学理论和教学实践的综合体，是教学实践方式高度提炼而概括化的产物。教学模式一经形成，其基本结构是相对稳定的，但并不是凝固不变的。任何一种教学模式都是一个开放的和不断更新的动态系统，在一定的范围内具有代表性和示范性。

二、教学模式的构成要素

不同的教学模式有各自不同的构成要素，但教学模式一般都包含以下几个构成要素。

1. **教学思想**

教学模式是一定的教学思想的反映，是一定教学思想指导下的教学行为规范。在不同的教学思想的影响下，往往提出不同的教学模式。教学思想决定着教学模式的方向性和独特性。它在教学模式结构中既自成独立因素，又渗透或蕴含在其他各个要素之中。

2. **教学目的**

教学目的是教学模式中的重要组成部分。每一种教学模式都是针对特定的教学目的而设计的，在此其不同于针对具体教学任务和具体教学对象提出的教学目标，其反应的是教学模式设计者的教学思想。

3. **操作程序**

每一种教学模式都有其特定的逻辑步骤和操作程序，它规定了在教学活动中师生先做什么、后做什么，各步骤应当完成的任务。操作程序只能是基本的和相对稳定的而不应是僵化和一成不变的。

4. **教学策略**

教学策略是为完成教学目标所采用的方式、方法的总和。策略具有针对性和灵活性。同一目标可采用不同的策略，不同水平的师生也可采取不同的策略，策略直接制约着教学结果。

5. **教学评价**

教学评价是指各种教学模式所特有的完成教学任务，达到教学目标的评价方法和标准等。由于不同教学模式所要完成的教学任务和要达到的教学目的不同，使用的程序和条件不同，当然其评价的方法和标准也会有所不同。目前，除了一些比较成熟的教学模式已经形成了一套相应的评价方法和标准外，有不少教学模式还没有形成自己独特的评价方法和标准。

三、教学模式的特点

1. **操作性**

教学模式是一种具体化、操作性较强的教学思想或理论。它把某种教学理论或活动方式中最核心的部分用简化的形式反映出来，为人们提供了一个比抽象理论具体得多的教学行为框架，具体地规定了教师的教学行为，使教师在课堂教学中有章可循，便于教师理解、把握和运用。

2. **完整性**

教学模式是教学现实和教学理论构想的统一，所以它有一套完整的结构和一系列的运行要求。

3. **灵活性**

任何教学模式都必须在特定的条件下才能发挥效力，包括环境、媒体、教学手段等。所以教师要熟悉和掌握多种教学模式，并能针对具体的情况选择恰当的教学模式。在教学实践中教师不仅要有充分的心理准备，还要根据教学条件的变化灵活地调整和选用教学模式。

第二节 “三五三”课堂教学模式

在新一轮的课程改革中，为了使中学课堂教学适应新课程的要求，我校高中部各教研组从课程与教学理念、教师的教学行为及转变、学生的学习行为与学习方式、教学评价等不同层面进行了深入研究，在新旧课堂的对比中寻找新课程提倡的教学行为，在对新课程课堂的不断反思中探索符合素质教育要求、适应新课程理念的教学模式。在深入研究国内外先进教学模式的基础上，经过反复的尝试和总结，我校高中部推出了“三五三”教学模式，并取得了一定的成果。

一、“三五三”教学模式的理论依据

1. 建构主义理论

建构主义理论认为，学习过程不是学习者被动地接受知识，而是积极地建构知识的过程。它强调以学生为中心，要求学生由被动接受者和知识的灌输对象转变为信息加工的主体、知识意义的主动建构者；要求教师由知识的传授者、灌输者转变为学生主动建构意义的帮助者、促进者；要求教师在教学过程中采用全新的教育思想与教学结构（彻底摒弃以教师为中心、强调知识传授、把学生当作知识灌输对象的传统教育思想与教学结构）、全新的教学方法和全新的教学设计。

建构主义理论认为，学习者的知识是在一定情境下，借助于他人的帮助，如人与人之间的协作、交流等，通过意义的建构而获得的。创设良好的学习环境对于学习者意义的建构是非常重要的。而理想的学习环境应当包括情境、协作、交流和意义建构四个部分。

2. 认知—发现学习理论

认知-发现学习理论是美国教育家布鲁纳提出的，是一种主张由学生自己发现问题和解决问题的教学方法。布鲁纳把研究重点放在学生获得知识的内部认知过程和教师如何组织课堂以促进学生“发现”知识的问题上。认知-发现学习法有利于学生掌握知识的体系和学习的方法；有利于启发学生的内在学习动机，提高学习的自信心；有利于培养学生的创造性和探究思维；有利于知识技能的巩固和迁移。

3. 生成学习理论

生成学习理论是由美国教育家维特罗克提出的。维特罗克在解释和说明学习者内部的生成作用时，强调学习过程中个体的主观能动性，重视个体与环境交互作用中知觉的作用，特别关注在多向交互作用中个体所建构的新知识的意义。

4. 人本主义心理学

人本主义心理学由马斯洛创立，以罗杰斯为代表。人本主义心理学认为人都有一个从低到高的需求层次，每一层次的需求与满足将决定个体人格发展的境界。而自我实现需求是人生最高的目标。人本主义心理学强调人的成长和发展，即自我实现。

二、“三五三”教学模式的基本内涵

“三五三”教学模式，即导学案的三板块：课前预习案、课中探究案、课后拓展案；课堂教学的五环节：创设情境、确定问题、合作探究、归纳成果、测试拓展；课堂时间分配的三部分（按 361 比例分配）：教师的讲课时间、学生自主合作学习的时间、效果测评的时间。

1. 导学案的三板块

新课改实施之际，我校各科教师在校领导的带领下积极推进课堂教学改革，尝试并运用导学案进行教学引导。

（1）课前预习案——包括学习目标、重难点简析、基础知识梳理、学生预习后提出的疑难问题等。

（2）课中探究案——包括重难点的合作探究（教师预设问题，也可以依据学生探究的实际及时增减问题）、典型例题剖析、习题训练等。

（3）课后拓展案——包括课后精选书面分层作业、与教材密切相关的具有探究价值的社会热点话题等。

导学案是由教师集体讨论、研究，不断修改完善而制订出来的。为了实现导学案中课前预习部分的导学作用，要求提前下发导学案，教师课前批阅（可以是部分批阅），课上反馈（针对预习过程中的问题）。

导学案的使用效果显著。由于做到了对课堂教学的前延后伸，既引导、督促了学生的课前预习，促进了课堂教学中探究问题的针对性，提高了课堂的有效性，又促进了学生课后探究的延续性等。

2. 课堂教学的五环节

（1）课堂教学五环节流程图如下所示。

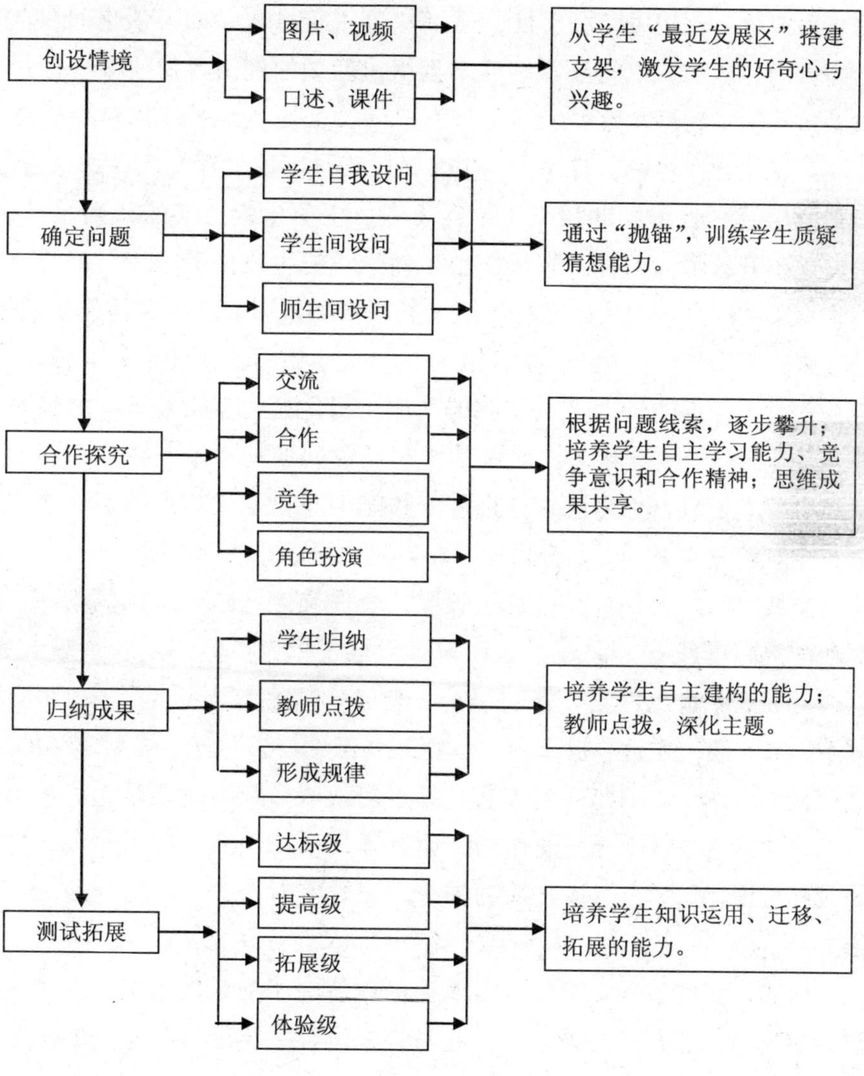

（2）课堂教学五环节的具体操作流程。

第一，创设情境。教师通过精心设计教学程序，利用现代教育技术等手段，创设与主题相关的、尽可能真实的情境，使学习在和现实情况基本一致或相类似的情境中发生。让学生在实际情境下进行学习，可以激发学生的联想思维，激发学生的学习兴趣与好奇心，使学生能利用自己原有认知结构中的有关经验，去同化和索引当前学习到的新知识，从而在新旧知识之间建立联系，并赋予新知识某种意义。

第二，确定问题。教师精心设计教学程序，指导学生通过因果质疑法、联想质疑法、比较质疑法、批判质疑法等进行自我设问、学生间设问、师生间设问，从而提出问题，培养学生提出问题的能力，促使学生由过去的被动接收向主动探索发展。

第三，合作探究。首先让学生在教师指导下独立探究。在这一过程中，虽然学生始终处于主动探索、主动思考、主动建构意义的认知主体位置，但又离不开教师的引导。教师在整个教学过程中说的话很少，但是对学生建构意义的帮助却很大，充分体现了教师指导作用与学生主体作用的结合。接下来教师指导学生在个人自主探究的基础上进行小组协商、交流、讨论，即协作学习，促使学生进一步完善和深化对主题的意义建构，并通过不同观点的交锋、补充、修正，加深学生对当前问题的理解。教师在指导学生进行合作学习时，必须注意处理好合作学习与自主学习的关系，应把学生的自主学习放在第一位，合作学习在自主学习基础之上进行。

第四，归纳成果。经过自主探究、合作交流这两个维度的学习，学生对所学内容已经有了大致了解，初步形成了框架，但还不够清晰和完善，此时需要大家集思广益，通过补充、修正、取舍等方式逐步使规律清晰，揭示出其本质。在这一过程中，教师既要像主持人一样，规划学生的发言，又要密切注意学生的每一句发言，并进行实时点评，防止学生的发言偏离主题，这就是教师“导”的作用。如果学生的归纳还不能揭示其规律，此时教师应说几句“点石成金”的神来之语，实时点拨，以达到拨云见日的效果。

第五，测试拓展。学生对本节课的内容有了一定的理解，并掌握了一定的解决问题的方法与策略，在此基础上设计一组题目来检查学生学习目标的达到程度，并进行多种形式的评价。为了使低分数段的学生有成就感，对高分段的学生有激励作用，我们将测试题设计为四个层次：第一层次为达标级，按教学大纲要求设计；第二层次为提高级，在达标级基础上增加了分析层面的学习和变式练习；第三层次为拓展级，增加了新旧知识联系的综合层次练习；第四层次为体验级，提供与学习内容有关的高考试题的分析与解答。

3. **课堂时间分配的三部分**

为改变传统教学“满堂灌”的弊端，我们学习、借鉴了山东省昌乐县第二中学的“271”教学模式，并结合我校实际，科学分配了每堂课的时间（按361比例分配）：教师的讲课时间不超过一堂课的30%（约15分钟），学生自主合作探究学习要占到60%（约25分钟），剩余的10%（约4分钟）用于每堂课的效果测评。

对教师讲课时间的控制，是为了督促教师精讲、少讲，克服教师讲课的随意性、无效性；增加学生自主合作探究的时间，是为了发挥学生的主体作用，调动学生学习的积极性，激发他们探究的意识和能力；必要的课堂测评，有利于巩固基础知识，检验课堂教学效果，调整教学行为。

三、“三五三”教学模式在实施中的困惑

第一，目前我校高中教学班内学生基础差异较大，探究知识的能力参差不齐，教学过程的控制难度较大。

第二，“三五三”教学模式要求让学生有足够的探究时间，同时教师要不断地引导、调整、帮助学生完成新知识的探究，学生探究的时间多了，教师讲授的时间自然会减少，与教学计划的完成有时会产生矛盾。

第三，“三五三”教学模式在面对考核要求时，常使教师进退两难，课堂上常出现学生的探究方向与教学要求不完全相同的情况，而统一的考试核制度又束缚着教师，于是教师又不得不将学生拉回到预设的框框内，这种做法常会伤害学生探究的积极性。

第三节 “自主、导学、合作、生成”学科个性化教学模式

“‘自主、导学、合作、生成’学科个性化教学模式研究”是我校承担的省级十二五规划重点课题。在借鉴外地课堂教学改革的基础上，结合校情，我校对传统的课堂教学模式进行了大胆的改革和实践，总结出了“自主、导学、合作、生成”学科个性化教学模式。

一、“自主、导学、合作、生成”教学模式的思路和途径

1. **基本思路**

调整教学关系，建立新的课堂文化。课堂是学生学习的主阵地，是学生展现的舞台，并非教师展示自我的地方。教师应改变传统的教学方法，努力做到下几点：一是减少讲和听，增加说和做，做到学生已经会的不讲，学生自学能够学会的不讲，让每一个问题在学生自己的努力探究中得到解决；二是不占用学生的自习时间和休息时间，把时间还给学生；三是在教学过程中坚持启发性原则，承认学生的主体地位，引导学生独立思考、积极探索，让学生自觉地掌握科学知识；在教学设计特别是问题设计上下功夫，通过问题引领学生的学习。

2. **方法途径**

通过设计导学案引导学生自主学习，让学生在自主学习的过程中建构自己的知识体系，在合作学习中丰富、拓展自我，在小组评比与反馈中证实自己的价值，展现团队精神的重要性。

二、“自主、导学、合作、生成”教学模式的理论依据

1. 国家新课程改革

“一切为了每一位学生的发展”是新课程改革的核心理念。国家《基础教育课程改革纲要》（试行）指出：“教师在教学过程中应与学生积极互动、共同发展，要处理好传授知识与培养能力的关系，注重培养学生的独立性和自主性，引导学生质疑、调查、探究，在实践中学习，促进学生在教师指导下主动地、富有个性地学习。”

2. 建构主义理论

建构主义理论提倡在教师指导下以学习者为中心的学习。教师是意义建构的帮助者、促进者，而不是知识传授者与灌输者；学生是信息加工的主体，是意义的主动建构者，而不是外部刺激的被动接受者和被灌输的对象。建构主义学习环境包含情境、协作、会话和意义建构四大要素，它更强调在情境脉络中主体对外部世界的适应及建构。我校的教学模式改革强调的正是在教师的指导、帮助下，有效地促进学生主动建构知识，建构自己的经验世界，使学生在建构中成长。

3. 多元智能理论

美国心理学家加德纳在《智力的结构》中提出了关于智力的新理论——多元智力理论。他倡导学生主动参与、探究发现、交流合作，倡导教师角色、教与学方式的变革，在教育理论与实践领域中均产生了极大影响。以多元智能理论为指导的全新的个性化的教学理念和最优的教与学的方式，为提高课堂活动有效性教学策略的实施提供了良好的思路。

三、“自主、导学、合作、生成”教学模式的有效实施

1. 精心设计导学案，让学生自学有方向

教师在集体备课的基础上，对教材进行深度解读和第二次编译，为学生设计导学案，作为学生自主学习的“路线图”。

导学案的设计坚持三个原则。一是问题化原则。教师在设计导学案时，将知识点隐入一个个问题之中，通过具有启智性的问题，引导学生自主学

习，在问题解决的过程中，培养学生的能力。问题的编写，既源于课本又不落俗套，既注意扎扎实实打好基础又注意加强知识的拓展与联系，具有较强的思辨性，能有效地把学生带入课本，激发学生思考，引导学生讨论，使学生学会看书。同时根据新课标的要求，针对教学目标和学生的基础及自学能力，在设问角度上要有所区别。二是方法化原则。在导学案设计的过程中，引导学生以不同的方法去识记、理解、归纳、综合，尤其重视对读图的指导，以及对实践和社会认知方法的指导，变“授人以鱼”为“授人以渔”。三是人性化原则。导学案不能编成学生印象中的试卷，其问题设置要有层次性，兼顾各类学生的发展，让每位学生都能参与并学有所得，进而增强学生学习的积极性和独立学习的自信心。

导学案的设计体现了四个结合：结合教材，结合课程标准，结合考试大纲，结合学情。教师在个人备课的基础上，进行集体备课，首先由主备教师精心设计导学案，然后在集体备课时充分商讨、研究，最后达成共识。设计力求详尽、合理，起到引导学生自主学习的作用。

导学案要进行两次批改。学科自习结束后，导学案第一次上交，教师根据学生自学的质量决定自己的授课内容；课堂教学结束后，导学案第二次上交，侧重于检查学生知识体系的建构情况。

2. 培养自主学习能力，让自学成为习惯

培养学生的自主学习能力是课堂教学的重点。在教学之前，利用学科自习时间让学生先根据导学案独自完成对新知识的学习，这样既让学生有计划、有顺序地完成了导学案，同时加快了学生完成导学案的速度，提高了学生学习的效率。

3. 建构新的课堂教学模式，让学生有发展的空间

无论是设计导学案还是通过导学案完成自学，都是为课堂教学做铺垫。课堂是检验学习效果、巩固和升华知识的主阵地。

“自主、导学、合作、生成”教学模式在课堂教学中按四个步骤进行。

一是合作学习。在合作学习过程中，学生的潜能得到充分的发挥，个性得到张扬，需求得到满足，建立起学习的信心。合作学习使学生体会到同伴间的关心和帮助，使学生在相互砥砺、取长补短的过程中达到和谐共进的境界。其做法是将班级的学生划分成四个基础相当的学习小组，每个学习小组根据学习情况又可细分为四个互助小组，每个互助小组包括A、B、C、D四个层次的四位成员。在合作学习时，互助小组内不同级别之间的同学互助学习，如A教B、B教C，C教D，实现兵教兵、兵练兵，彼此取长补短，共同完成学习任务。每个学生都应承担起自己在小组中的责任，这种责任主要体现在一方面做好自己在组内的任务，另一方面在做好“本职工作”的同时，积极主动地协助他人，这是每一个成员应尽的义务和不可推辞的责任，因为在小组合作学习中，既有个人的成功，又有小组共同目标的达成。同时，四个学习小组间展开竞争，以提高小组整体能力。

二是成果展示。把课堂还给学生，让学生做学习的主人。课堂上重要的环节是让各学习小组来展示他们的学习成果，解决学习中遇到的问题。学生在经历了自主、合作学习之后，要在课堂上展示其学习成果。在展示的过程中，其他同学要认真倾听、积极思考，对存在的问题提出质问和不同的意见，未解决的问题则由其他学习小组补充解决。这便给学生提供了一个舞台，让他们来证明自己的实力。与此同时，教师要及时对各小组加以评价，以增强学生的集体荣誉感。这是一种持久的、强大的驱动力，能促使学生高质量地完成自主、合作学习。

三是精讲点拨。有效课堂强调以人为本，强调学生的学习状态。学生主动学习，积极探究、发现。在课堂上，教师要放弃话语统治权，成为课堂上学生精彩的“背景”和学生成长路上的“路牌”，精讲点拨则是其具体体现，解决的是“学习过程中由不知到知的矛盾”。精讲要求教师讲到“点”上。在小组展示的过程中教师要根据学生展示的情况来决定精讲点拨的内容，教学的灵活度很大，当学生有解决不了的难题或挖掘深度不够或讲解存在问题时，教师才进行精讲点拨，这样的讲解才是雪中送炭，才是学生最需要的。

四是教师点评。教师的评价在有效课堂教学环节中主要体现在两处：一处是随时进行的即时评价，另一处则是在课堂教学结束时的小组评价。在学习过程中把握好评价的时机，给予学生适时的、适当的鼓励与表扬，能让学生体验成功的喜悦，激发积极的情感，从而使学生产生浓厚的学习兴趣。一节课结束时，统一对各小组进行综合评价，将量化的结果呈现在黑板上，并记入学生的课堂表现，还可用于班级的评比活动。

总之，“自主、导学、合作、生成”教学模式，是变“带着知识走向学生”为“带着学生走向知识”、是追求效果、效益、有序的课堂教学模式，是让学生在有限的时间内获得更多发展的课堂教学模式，对学生潜能的唤醒、发掘与提升起到了积极的推动作用。

附

“源头”与“活水”

——新课程标准下的高中语文课堂

付立金

【研究背景】

批阅学生随笔时，我读到这样一段文字：“老师，我说一点自己对语文课堂的意见，希望您不要生气。我总觉得最近语文课上得沉闷了些，总想睡觉。《记念刘和珍君》有必要上那么多节课吗？我们很多同学远没有您那样喜欢鲁迅，也很难达到您理解的深度。虽说语文课上您也让我们畅所欲言，可您不觉得那些事情离我们太遥远了吗？与其让我们对那些遥远的事件发表意见，倒不如把时间放在一些更有价值的事情上，望老师考虑。”说实话，读了这段话，我有些悲哀，也有些埋怨，但我更在思考：我们的语文课是不是远离了学生的生活？

通常，教师以课本为范文，进行着或教师讲授或师生互动或茶馆式讨论等多种形式的教学活动。但这是否真正达到了教学目的呢？长此以往，学生的创造性思维该如何发展？然而，这些问题却被我们有意无意地忽略了。

【教学案例】

讲授《荷花淀》一文，当讨论到文章的意境美和语言美时，我让学生边听音乐边默读课文并提出自己的疑问。有学生提出这样的问题：为什么文章中的人物形象，特别是那些妇女都没有具体的名字？我觉得这个问题提得很新颖，是一个教学亮点，便让学生一起讨论并试着为那些妇女起名字。有学生说，水生嫂应该叫荷花——美丽而高洁；有学生说，羞涩的那位应该叫小芳——美丽又善良；有学生说，泼辣的那位应该叫小翠（学生对《边城》的印象很深）；还有一名学生说，那位找借口的应该叫翠花——上酸菜（受小品的影响）；等等。课堂气氛空前活跃，于是我让学生分角色带上刚起的名字朗读课文，读后学生大笑，总觉得不是味道。我进一步启发学生："这些妇女最后成长为什么人了?"学生恍然大悟：连没有名字、没有地位、最受压迫、觉悟最低的妇女都行动起来了，抗日战争的胜利还会远吗？小小的名字竟会有这样深刻的含义，学生非常兴奋，七嘴八舌地讨论起抗日战争乃至中日关系。这样一来，一篇小说就成了生动的爱国主义教材。

又如教学《林黛玉进贾府》一文，文中着力刻画了王熙凤、林黛玉、贾宝玉三个人物，在学生对三个人物的外在形象以及内在性格有了初步了解的基础上，我向学生提了一个问题："王熙凤和林黛玉都很美，她们的美有无差异呢?"学生纷纷发言。有学生说，林黛玉是一种少女的美，王熙凤是一种少妇的美；有学生说，林黛玉是一种内在的美，王熙凤是一种张扬的美；有学生说，林黛玉是一种灵气的美，王熙凤是一种庸俗的美；有学生说，林黛玉美在气质，确切地说，林黛玉是"美丽"，而王熙凤美在外貌，是"漂亮"。

以上回答赢得了大家的赞同，又有学生说，王熙凤应是一种华丽的美，林黛玉则是一种朴素的美。话音未落，不少学生交头接耳：文中似乎没写林黛玉的衣着打扮，她会如何穿戴呢？我决定就这个问题展开探讨。我说："正如同学们的发现，文中确实没写林黛玉的衣着打扮，但我们不妨想象一下她当时会穿什么样的衣服?"一阵交流后，很多学生主动谈了自己的想法。有学生说，封建社会讲究"门当户对"，能娶到贾家小姐，想必林家也是大户人家。作为林家唯一的爱女，第一次远赴外婆家，林黛玉应该是精心打扮过的。有学生说，文章开头写林黛玉在家时常听母亲说"外祖母家与别家不同""因此步步留心，时时在意，不肯轻易多说一句话，多行一步路，唯恐被人耻笑了他去"。可见，以林黛玉的这种心细如发的性格和很强的自尊，可以断定她肯定不会在衣着上随意而为。有学生说，林黛玉应是一个孤高独立、不合流俗的女子，因此林黛玉的衣服、头饰应该是淡而不俗、清丽高雅的。最终同学们得出结论：林黛玉的衣料质地很好，虽色泽淡雅，如白色为底色，上有淡蓝色小花，但款式应是新颖别致、与众不同的，与王熙凤那种珠光宝气的衣饰有着天壤之别。

至此，问题似乎得到了圆满解决，忽然有一学生举手发问："文章为什么对王熙凤的着装描写如此细致，而对林黛玉的着装一字不提呢?”顿时，课堂又掀起了另一个高潮。有学生说，前面讲林黛玉是一种灵气的美，王熙凤是一种庸俗的美。灵气应主要表现在神情气质上，略去衣着打扮不写，更能使人着眼于她的气质……

在学生的讨论中，伴随着阵阵掌声，下课铃声响起。

【案例分析】

以上两个案例说明，教师一定要具备课堂开发的意识与能力，善于调控课堂气氛，增加课本知识容量和密度。只有具备了这种意识与能力，以往那些被我们忽视的生活场景与人生体验，才会被拿来当作语文教学的材料，从而为语文教学开辟一片新天地。

【教学反思】

语文学习既是一种学生个性化的活动，也是一种学生创造性的活动。作为教师不仅要珍惜学生的感悟、体验，更要保护他们的智慧火花，这样更有利于开发学生的创造性潜能。认真备课，把握重点、难点，完成教学任务固然很重要，但我认为更重要的是把语文教“活”、让学生“活”学，这才是语文学习的灵魂。如果教师死守教案，那么再好的教案也会成为束缚教学的桎梏，学生也会变成课本的奴隶。课堂灵活一点、放开一些，反而更能充分发挥教师的主导作用，更能活跃学生的思维，激发学生学习的积极性，收到意想不到的效果。

【教学后记】

语文新课标指出，语文教学是大语文活动，应着重培养学生的语文实践能力和语文综合应用能力，所以我觉得语文教学应实现四个“走向”。一是走向生活。语文教学如果远离了学生的生活世界，就无法走进学生的内心世界。二是走向实践。语文唯有运用于学生的实践中，融合到学生的血液里，才能真正成为学生永恒的精神财富。三是走向综合。学生在课堂所获得的各项能力、知识，只有在综合实践中整合起来，加以积淀，才能成为一种综合素养。四是走向智慧，语文教学就是要让学生学得聪明一点、灵气一点。源活则水清，我认为只有深刻地吃透新课标，才能解决好语文教学中教师教无成就、学生学无兴趣的问题。

第七章

解决问题

——课题研究思考

课题研究是解决教育教学实际问题、改善教学、提高教师教学水平为目的的研究。它能提高教师的科研素质与教学水平。随着教育教学改革的深入，课题研究越来越受到重视。

第一节　课题研究的过程

课题研究是指以在自身教育教学过程中发现的具体问题为研究对象，以问题的解决为研究目标的一种研究活动。课题研究的大体流程如下。

一、制订研究计划

“凡事预则立，不预则废。”这里的“预”就是计划的意思，计划可以避免失误，可以获得更多的成功机会。课题一旦确定后，接下来就要全面规划整个研究过程，合理安排研究中的各项工作，制订切实可行的研究计划。研究计划是研究工作进行之初所做的书面规划，是如何进行研究的具体设想，是研究实施的蓝图。由于研究本身是件相当复杂的事情，因此，事先必须周密思考，统筹安排。

1. **研究计划的作用**

研究计划在教师的教育研究活动中具有重要的作用，它既是教师提出研究问题后采取进一步行动的前奏，又是行动前所做的系统审视和反思。具体表现在以下几个方面。

（1）使研究内容细化

课题研究会牵涉很多因素，研究不仅要把握重点，也要顾及细节。研究者通过制订研究计划，可以使研究的目标、内容、范围、方法、程序等更加明晰，使课题更加具体化、可操作化。

（2）是研究行动的指南

在研究过程中，研究计划是研究行动的指南。在研究计划中必须有详细的研究程序与步骤，合理安排研究资源，还要设想可能遇到的困难和解决的方案。有了研究计划，行动就有了方向。有时，一个颇有创意的研究构想，在写成研究计划的过程中，会发现某些不足和预想不到的困难，从而促使研究者提前想好解决的办法。书面的研究计划还可以作为与同行沟通的依据，征求同行的建议或接受更专业的指导，使课题研究更趋完善。

（3）是课题申报的书面材料

研究计划是研究者的研究构想，也是进行课题申报的主要形式，课题申报必须提交研究计划。科研管理部门主要通过研究计划的申报、评审来确定课题研究是否有价值，是否具有可行性，从而决定是否需要立项给予资助。

2. **研究计划的基本要求**

撰写一份研究计划，必须了解研究计划的基本要求。

（1）研究什么

人们阅读一份研究计划时想到的第一个问题就是这个课题要研究什么，因此，研究者必须明确地回答这个问题。首先，要有合适的标题，标题最好能涉及研究的范围、对象、内容、方法；其次，要明确提出所研究的问题，让别人了解研究问题的性质；再次，要列举研究的待答问题或研究假设，让别人了解研究的重点；最后，要界定研究的变量及关键词，让别人了解研究的范围。

（2）为什么研究

在解决了研究什么的问题之后，人们很自然会继续发问：为什么要进行这项研究？因此，研究者必须在研究计划中解释进行这项研究的理由。要回答这个问题，首先，要说明研究动机；其次，要揭示研究的意义和价值；最后，要列举研究的具体目标。

（3）如何研究

当了解了研究的理由之后，人们顺理成章地想知道研究将如何进行。要回答这个问题，一是要说明研究的方法与实施程序，其中包括研究对象及其抽样、研究的方法与步骤、研究工具的选择与编制、收集资料的程序、资料分析的方法等；二是对研究资源合理配置，包括研究人员的组织、研究进度的安排、研究经费的预算等。

（4）有何成效

研究的价值体现在研究结果对现实世界和精神世界的贡献上。因此，人们最后总会问：研究最终能获得什么样的研究成果？要回答这个问题，首先，研究者必须在研究计划中具体说明研究的预期成效；其次，要有成果的表现形式（如研究论文、研究报告、专著、教材、教具、教学软件等）。

无论采用什么格式撰写研究计划，以上四个问题是必须要具体回答的。掌握了这四个基本要求，研究计划中才不会遗漏必要的信息，才能得到更多的外部支持。当研究计划完成后，我们也可以按是否清楚地回答了这四个问题来评价研究计划的优劣。

3. **研究计划的格式与内容**

一般来说，研究课题多种多样，研究方法各不相同，撰写研究计划不必受制于格式，只要能清楚地表达必要的信息与资料就是一份合格的研究计划。然而学术界约定俗成，有撰写研究计划的通用格式，有些研究机构和科研管理部门还制订了固定的撰写格式——研究计划书。因此，在撰写教育研究计划时，如能按照通用格式进行，则更易互相沟通交流，更易为学术界接受。

研究计划的格式有很多种，但研究计划的内容大同小异，主要包括以下几个方面。

（1）课题名称

课题名称要简洁明了，一个好的课题名称能准确地反映研究的范围、对象、内容、方法，能显示研究变量以及变量之间的关系，使人一看就能大致了解课题研究的内容，如上海市小学生学习负担的调查研究、中学生学习时间与学习效果的关系研究。

（2）研究目的与意义

课题研究的目的与意义主要回答为什么要进行这项研究、课题有什么价值、课题产生的背景、研究的重点等问题。可以从问题的现状入手，指出问题的重要性与研究的目的；可以从前人研究的不足入手，阐述进行研究的价值。总之，研究者要把握这部分写作的基本逻辑：由于问题的重要性或严重性，所以有必要进行研究；由于以往的研究不足或有错误，所以必须加以解决或纠正。

（3）研究内容

研究内容是研究计划的主体。通常是把课题提出的研究问题进一步细化为若干个小问题，加以列举。必要时，还需提供资料和事例的来源。

（4）待答问题与研究假设

任何研究都以待答问题或研究假设为具体行动的指引，因此无论采用什么格式撰写研究计划，都必须具体明确地列举待答问题或研究假设，明确课题的研究范围。

（5）研究对象和研究变量

教育研究总是指向一定的研究对象。由于研究对象的多样性和复杂性，研究者在制订研究计划时必须对研究对象和研究的主要变量加以界定，避免不同的人从不同的角度理解带来的混乱。对研究对象的描述，涉及研究的总体范围、样本数量、抽样的方法，必要时，还需提示研究对象的来源和特征。

（6）文献综述

研究工作必须以有关文献为基础，在撰写研究计划时，应对相关文献做系统的陈述，以展示研究者对该领域研究现状的了解程度。

（7）研究方法与设计

这一部分说明研究采用的方法、手段以及研究的步骤，因此要描述得明确详细，凡研究对象、研究方法、研究工具、资料收集程序与分析方法，都应分项说明。当然，在有限的篇幅中，研究者很难将研究方法与设计的全部细节描述周全，一般只需点到有关学术名词即可。例如，用“分层随机抽样”来说明抽样方法，用“等组前后测实验”来说明实验设计模式，用“T检验”来说明统计分析方法等。

（8）研究进度

规划研究进度可以从两个方面考虑：一是时间，二是工作项目。若研究有时间的限制，则可以最终完成的时间为依据，倒过来分配每一项工作的时间；若无明确的时间限制，则可以工作项目为依据，安排每一项工作的时间。拟订研究进度，通常要给出时间进度表或工作项目进度表，以保证研究能有条不紊地开展，能按预定要求如期完成。

（9）成果形式

预计的研究成果可以从两个方面来说明。一是提示研究的预期成果和成果的表现形式，如研究论文、研究报告、专著、教材、教具、教学仪器、教学软件等。研究周期较长的课题，还应该说明阶段性成果和最终成果。

二是说明研究成果可能产生的效益，包括经济效益和社会效益。

(10) 课题组成员及其分工

如果研究工作由一个人独立完成，那么在研究计划中只需填写研究者个人的学历、职务、专业等情况。如果研究是由一个课题组承担，则需列出课题组每个成员的基本情况和具体分工情况。

(11) 经费预算

经费与设备是进行研究的物质条件。经费预算要本着节约的原则，实事求是地估算。研究计划中要把开支的项目、用途、金额一一列出，最好采用经费预算一览表。一般经费预算的主要项目有图书资料费、研究人员研究费、会议费、差旅费、测验问卷编制费、印刷费、研究实施的劳务费、设备购置费、研究评审费、杂费等。

(12) 参考书目与附录

研究计划本身具有相当程度的学术性，正规的研究计划要求列出参考文献或参考书目，必要时也可将相关的资料作为附录。

以上12个方面大致包括了研究计划的基本结构和内容。在实际撰写研究计划的过程中，研究者可以根据研究的目的、要求、内容、方法等做适当的增删或调整。而且，研究计划不是一成不变的，在研究过程中，难免会有新的因素介入，从而影响原有计划的达成，在这种情况下对研究计划进行调整是情理之中的事情。

二、收集资料

教育科研资料在教育课题研究中起着非常重要的作用。从教育课题研究的起始到终结都离不开教育科研资料。从某种意义上说，教育课题研究过程就是对教育科研资料的收集、使用和再创造的过程。

从宏观的角度来看，研究资料可以分为文献资料和事实资料。文献资料指用各种符号形式保存下来的，对研究具有一定参考价值的载体；事实资料指通过观察、调查、实验得到的与研究有关的现实信息。在这一环节，主要对文献资料的收集做详细阐述。至于事实资料的收集，将隐含在关于研究方法的介绍中。在教育课题研究中，文献资料的收集和整理是不可缺少的一部分。从选题、初步调查及论证课题、制订计划、收集资料、分析资料，到形成研究报告，研究者都必须进行文献的研究，掌握研究课题已经取得的成果及其他研究者取得的进展，这是任何科研工作的必经阶段。

1. 教育文献资料的主要分布

由于创造、记录与传播方式不同，教育文献资料的分布极为广泛且形式多样，教育研究者对它们应有一定的了解。

（1）书籍

这是教育文献资料中品种最多、数量最大的一种信息源，包括专著、论文集、教科书、资料性工具书及科普读物等。

专著是就教育领域内某一学科或某一专门问题进行系统、全面、深入的论述，通常反映学术研究的较高成果，多是作者多年研究的结晶。专著的特点是论述系统、形式规范、材料新颖、见解独到。随着教育学科的不断发展，古今中外的教育家和学者奉献了数以百万计的专门著述，成为教育研究的宝贵财富。

论文集汇集的是某些专家或学者的学术论文，特点是论题集中，观点各异，信息容量大。

教科书是专业性书籍，具有严格的科学性、系统性和逻辑性。内容一般包括教育科学的基础知识、基本理论，以及学科领域内的科研成果和有待讨论的问题。教科书追求学术上的稳定性，名词术语规范，结构系统严谨，可读性强，可作为入门读物。

资料性工具书多就某一学科有关问题的历史与现状、方法与结论及各种争论观点做广泛客观的阐述，不涉及作者本人的见解，其类例分明、叙述简练、小型实用、查阅方便。如《中国大百科全书（教育卷）》是我国第一部教育百科全书，共设词条770多条，反映了我国教育科学的全貌及最新成果。

科普读物是面向广大群众的以普及教育科学知识为宗旨的通俗读物，文字浅显易懂，实效性强，但理论含量较低，教育研究者可以从中获取实用类的信息。

（2）报刊

报刊作为连续性出版物，传递信息迅速，并拥有庞大的写作队伍，能反映有关学科领域研究的最新动态和较高水平，是教育研究者查阅文献的主要来源。报刊分为报纸和期刊两大类。

报纸是以刊登新闻和评论为主的定期连续出版物，出版周期短、信息时效快，但材料分散、不系统、不易保存。我国教育专业类报纸有上百种，较有影响的有《中国教育报》《教育文摘周报》《中国教师报》《德育报》等，此外《光明日报》《人民日报》等综合性大报都专辟有教育科学版或教育版。

教育期刊可以分为四种：学术理论性期刊、情报性期刊、事业性期刊和普及性期刊。学术性期刊如《教育研究》《教育评论》《教育理论与实践》《教育研究与实验》等，主要反映教育理论研究的动态与成果。各类文摘及复印资料属情报性期刊，影响较大的如《复印报刊资料》，其收录 100 多个专题的全文复印资料，能够代表学科研究前沿状况，具有很高的学术价值和应用价值。事业性期刊按领域和地区可进一步划分，前者如《中国成人教育》《中国高等教育》《中国电化教育》《现代中小学教育》等，后者如《北京教育》《上海教育》《特区教育》等，主要介绍各级各类或各地区教育的发展情况和改革业绩。普及性期刊主要面向普通读者介绍教育理论与方法，如《父母必读》等，实践性强。

（3）政府、会议文献

政府文献指的是官方的有关教育政策法规的指令性文件，是了解一个国家教育方针政策、规章制度等的重要信息来源，是全面了解教育状况和制度沿革的有用资料。会议文献包括在各种学术会议上宣读、交流的论文，报告、讨论记录，会议记录等文献资料。学术会议文献多数是未公开发表的资料，往往反映了某一学科领域内的最新研究动向和研究成果。目前我国正处于教育改革和教育大发展时期，教育学术交流十分活跃，每年都定期召开有关的学术研讨会，这些会议提供的文献对教育研究有重要作用。

（4）学位论文

学位论文是指为了获得所修学位，被授予学位的人按要求撰写的论文，它带有一定的独创性，一般来说，其选题论证充分、文献综述全面、探讨问题比较深入。学位论文多数不公开发表，由研究生招收单位保存，国务院学位委员会指定国家图书馆、中国科学技术信息研究所分别负责收藏各个级别的学位论文，研究者可去查询。

2. **教育文献资料检索的基本要求**

教育研究中收集文献资料的基本要求可以概括为“准、全、高、快”四个字。“准”是指文献查找要有较高的查准率，能准确查到所需要的有关资料；“全”是指文献收集要有较高的查全率，能将需要的文献全部检索出来；“高”是指收集到的文献专业化程度要高；“快”是指检索文献要快捷、迅速、有效率。

3. **教育文献资料检索的基本方式**

文献资料的检索方式可以分为传统的手工检索和现代的计算机检索两种。

(1) 手工检索

通过手工方式来查找并获取所需要的文献资料的方式称为手工检索。手工检索的途径主要有以下三种。一是作者途径。即在已知作者姓名的情况下，通过作者姓名从检索工具中查找文献。二是题名途径。即在已知文献名称的情况下，按文献名称排检，主要是通过书名目录、篇名索引或论文索引来检索。题名途径在已知书名或篇名情况下使用，易于找到所需文献。三是主题途径。即按表示文献主题内容的主题词排检。这种检索途径的优点是能满足特定检索的要求，尤其适合于对具体而又专深课题的检索。研究者可以从主题词查找到大量相关文献。在实际运用过程中，各种检索途径常常可结合起来使用。

(2) 计算机检索

科学技术的飞速发展使计算机检索成为一种新的文献检索方式。由于计算机检索具有速度快、信息量大、准确性高、代价低廉等特点，因此正在逐步取代传统的手工检索方式。很多大型的综合性图书馆都逐步建立起计算机文献检索系统，并提供信息服务。研究者只要在计算机上输入检索要求，计算机即刻就会列出有关的书目、篇名及其出处。计算机检索要求输入作者、书名或篇名、关键词等，其中用关键词检索是最方便、最常用的检索方式。随着计算机和互联网的普及，利用计算机进行检索也使得检索更方便、更迅速、更全面，现在不少网站，如百度、谷歌、搜狐、新浪等都有很好的搜索功能，中国知网、万方数据资源系统等都是信息量很大的数字化期刊数据库。

三、处理资料

研究者需要对通过各种方法收集来的教育研究资料进行整理和分析，才能形成自己的结论。学会处理资料是获得研究结论和作出科学判断的重要一步，教育科研人员必须了解和掌握。

1. 资料的整理

（1）文字资料的整理

在教育课题研究中，文字资料会很多，包括采用各种方法收集的文献、观察记录、访问记录和调查记录等。采用合适的方法将这些零乱的文字资料进行加工整理是非常必要的。对文字资料进行整理的一般程序：审查、分类、编码和汇总。

① 文字资料的审查

文字资料的审查，就是仔细研究和详尽考查所获得的文字资料是否真实可靠、合乎要求。审查文字资料时，要遵循真实性、准确性和完整性原则。通过不同方法得来的文字资料，在进行审查时需要注意的问题也不同。

在审查通过观察获得的文字资料时，要注意以下三点。

第一，要检查观察资料是不是严格遵循科学的程序而获得的。

第二，如观察是以小组进行的，可将观察者之间获得的资料进行比较，若有差异，小组要进行讨论和论证。

第三，对于较重要的问题应注意观察时间的长短，一般说来，长时间的观察比短时间的观察更真实可靠。

在审查通过调查法获得的文字资料时，要注意以下两点。

第一，资料是否完整，即是否有漏填项。

第二，是否有逻辑错误。

在审查文献资料时应注意以下两点。

第一，弄清资料的作者及其背景。

第二，对摘录的文字资料要注意核对原文，发现错漏及时更正。

② 文字资料的分类

文字资料通过审查后，研究者必须将这些杂乱无章的资料条理化、系统化，按照一定的标准和结构对资料进行分类，以便于在进行分析时能更好地发现教育现象的本质和规律，避免笼统的分析可能造成的假象。

那么，如何对文字资料进行分类呢？

第一步，对文字资料进行深入理解。在对文字资料进行审查时，研究者只是从资料的表层进行初步的了解，要想将文字资料分类，研究者必须认真阅读手中的文字资料，熟悉其内容、理解其含义、把握其结构和关系。只有在对文字资料有深入理解的基础上，才能正确分类。

第二步，选择分类标准。分类标准多种多样，可以根据研究的需要和研究的具体方向，选择合适的分类标准。分类标准应该反映研究者所持有的理论观点。如果课题是假设学生的主体性培养与教师的教学方法有关，则可以以教学方法不同为分类标准；如果课题是认为学生的心理健康状况与父母的教养方式有关，就可以以教养方式的差异作为分类标准。这是以研究资料与所研究问题的相关性为主要标准来划分类别的。此外，研究者还可以根据文字资料的外部特征或外在联系进行分类。例如，把文献资料按年代分类，把调查资料根据学生的性别、年龄、成绩等进行分类。

③ 文字资料的编码和汇总

在正确分类的基础上，研究者还必须对已分类的文字资料进行编码和汇总。编码是对资料进行登记和标记，用尽可能简洁清晰的语言标记某类资料的特征。按照自己的习惯编上号码或贴上相应的标志，有利于在分析过程中的查找和应用，能使分析过程简单而明确，提高分析的效率与准确性。汇总可以把大量分散的原始材料在分类的基础上综合起来，使之成为能反映研究对象客观情况的、系统完整而又集中简明的资料。通过编码和汇总，能使文字资料更系统化、条理化，有利于研究者的进一步深入分析。

（2）数据资料的整理

数据资料是在研究过程中，通过调查问卷及访问表格得来的用数量形式表现的有关资料。如中小学研究中涉及的考试成绩、持有某一观点的人数、学生心理健康状况的测量结果等。对数据资料进行整理的一般程序：检查、分类、汇总登记和表达。

① 数据资料的检查

检查资料就是对原始数据进行检查，要注意做到以下两点。第一，从逻辑上检查数据的准确性和完整性，即检查原始记录数据是否正确。第二，从内容上检查是否有遗漏、笔误或逻辑错误，若发现问题应及时采取必要措施补救。

② 数据资料的分类

数据资料分类即选择合适的分组标志，将收集来的数据资料进行分类分组。这一步工作很重要，分类分组不合理、不科学，就不能正确反映被研究现象的本质特征。一般有品质分类和数量分类两种。品质分类是按某种教育现象的质量、属性、类别、等级分类。数量分类是以数量的大小为分类的标准，如按年龄大小分为若干组。

③ 数据资料的汇总登记

汇总登记就是把数据资料按一定的格式分门别类地汇集起来，然后进行登记。具体做法是将每一个研究对象的全部定量资料按设计好的类别、指标填入一份原始资料综合登记表中。

④ 数据资料的表达

数据资料的表达是将录入的数据按照研究目的的需要，统计出各组中的次数与频率，编辑出统计表或统计图，用图表的形式将隐含在数据中的信息直观地表达出来。

首先，关于统计表的编制。在教育研究资料整理中，统计表具有如下作用：第一，可以避免文字的冗长叙述；第二，便于比较各项目之间的相互关系；第三，便于总计、平均和其他统计值的计算；第四，便于检查计算错误和项目遗漏。

在教育研究数据资料整理中，统计表一般由以下几个项目构成：一是序号，要写在统计表的左上方；二是名称，又称标题，应写在统计表的顶端中央；三是标目，即分类的项目，依照排列的位置有横标目和纵标目；四是表身，即统计表中的统计数字；五是表注，写于统计表的下面。

其次，关于统计图的编制。统计图的编制要遵循如下规则：第一，图的标题要简明扼要，切合图的内容，标题一般写在图的正下方；第二，有纵横轴的图形，横轴一般表示被观察的现象，纵轴一般表示出现的频数，两个轴都要注明单位；第三，在同一图形上比较两个事物时，使用的比例要相同；第四，图中有必要加以解释的地方，可用图注加以说明。图注的文字应简明扼要，字体要小。

2. **资料的分析**

教育课题研究的任务是从杂乱无章的表象中，通过偶然的、零乱的现象看清事物的本来面貌，发掘和研究被掩盖了的规律，认识和掌握事物的本质。为了完成这一任务，就需要对经过整理的资料进行分析。

当前教育科研的一个重要特点，就是强调定性研究和定量研究的结合、数量资料和非数量资料的结合。为此，在资料的分析中，应注重采用统计分析与逻辑分析相结合的方法。

统计分析是把大量的、散乱的数量资料，依据统计的理论和思维方式进行描述和推断，从而将研究对象的本质、特征揭示出来。

逻辑分析是运用抽象、概括、归纳和演绎等方法，对丰富的非数量资料资料进行思维加工，从而去粗取精、去伪存真、由此及彼、由表及里，达到认识本质、揭示规律的目的。例如，某所中学在同类学校中，其教学质量特别好。我们对它进行研究时，需要先总结出其教学经验和教学方法中的长处和特点，然后一一进行分析，并与其他学校进行比较。从中可以看到，其他学校在教学中有着不少与之相同的做法，表明这些做法不是造成该中学教育质量突出的主要因素，是应该排除的特点。该学校中与其他学校显著不同的做法，则可以认为是该校提高教学质量的主要因素。但这只是停留在对表面现象的认识上，还需要经过进一步分析，如从管理思想、教育思想、学生学习态度等方面进行分析，透过现象，揭示本质。

第二节　课题研究的方法

一切科学研究始于问题，问题即课题。在课题研究中，掌握方法很重要，否则就无法顺利完成课题研究。课题研究的方法大概有以下几种。

一、教育观察法

在教育课题研究中，观察法是一种最基本、最常用的方法。其他研究方法，或者是从观察法发展而来（如实验法），或者要建立在观察法所提供的事实的基础上（如经验总结法），都与观察法有着不解之缘。从某种意义上讲，观察法是一切研究方法的“细胞”，在教育研究方法体系中占有十分重要的地位。

观察法是指研究者（观察者）带着明确的目的，凭借自身感官（如眼、耳等）及有关辅助工具（观察表，录音、录像设备等），在教育活动的自然状态中收集资料的一种研究方法。与其他研究方法相比，观察法具有如下特点：第一，观察的自然性，即观察是在教育活动自然状态下进行的；第二，观察的客观性，即观察者持客观的态度，客观准确地观察，如实记录观察到的现象和内容；第三，观察的直接性，即观察者要亲临现场，深入研究对象的生活场景进行观察。

观察法既可以作为一种独立收集资料的研究方法单独使用，也可以作为调查的开端环节，或与文献研究、实验研究结合进行。对教师而言，学生的课堂学习活动、课外活动等都可以作为观察的情境。

1. 观察法的类别

依据不同的分类标准，教育观察法可划分为不同的类别。分类的目的是为了更清楚地认识和利用观察法。以下是几种比较常见的分类。

（1）直接观察和间接观察

按观察时研究者是否借助于仪器可将观察分为直接观察和间接观察两类。简单地说，直接观察就是凭借观察者自身的眼睛、耳朵等器官直接感知外界事物；间接观察则指观察者借助录音机、摄像机等工具进行观察活动。

（2）结构观察、无结构观察和准结构观察

按观察方式的结构化程度可将观察分为结构观察、准结构观察和无结构观察三大类。所谓结构化程度就是时间和事件行为被分解的细致程度，结构化程度越高，表明定量化程度越高，反之亦然。

结构观察是研究者根据研究的目的，事先拟定好观察计划，确定使用的结构性观察工具，并严格按照规定的观察内容和程序实施的观察。在结构观察中，一般有一定的分类体系或结构性的较为详细的观察纲要，在特定的时间和地点内，对预先设置的分类下的行为进行记录，往往有较为严格的规则，对观察者和观察对象都有一定程度的限制。所以它最大的特点是观察程序标准化和观察内容结构化。这种观察记录的结果一般是一些规范的数据，可以根据需要通过计算机或其他设备进行处理。

无结构观察，没有预先设置的分类，对事件和行为尽量广泛地做记录，对背景因素很少加以控制，资料收集的规则是灵活的，是基于需要在观察的过程中形成的，事先不做严格的观察计划，不必指定结构性的观察表格或提纲，即使使用观察提纲，往往也只是一些宽泛的指导方针，观察者对观察活动只有粗略的想法，要依照现场情况决定观察的进程。这种观察对观察者和观察对象都不做严格限定，它的最大特点是灵活机动，观察者可以基于自己的理论素养在观察中充分发挥主动性、创造性。这种观察所记录的信息可以文字的形式体现，或以录音、录像等形式体现。

准结构观察是介于结构观察和无结构观察之间的一种过渡类型。这种课堂观察可以有预先设置的分类，即有一定的结构，但其记录不是以数据的形式体现，而是以文字或其他形式体现。

（3）开放式观察与聚焦式观察

按观察情境的范围可将观察分为开放式观察和聚焦式观察两类。在开放式观察中，观察者可以用纸和笔记录一节课的情况，或者记录下这节课的关键点，或者用自己看得懂的方式对这节课各方面的情形进行详尽的记录。这种观察只需要一个较为宽泛的分类，观察者尽可能开放地、真实地记录当时的情况，不做判断，直到课后讨论时才进行必要的解释。

聚焦式观察需要选定一个观察的焦点，即有一个观察的具体问题。比如，提问、表扬、课堂中学生投入学习的情况。

2. 观察法的基本程序

（1）明确观察的目的

观察目的是根据科研任务和观察对象的特点确定的。为了明确观察目的，正式观察前应做试探性观察。其目的不在于系统收集科研材料，而是要掌握一些基本情况，了解观察对象的特点，以便确定通过观察需要获得什么材料、弄清楚什么问题，然后确定观察范围，选定观察重点，具体设计观察步骤。

例如，把“不同性别教师体态语差异的研究”作为研究的问题，研究者事先应对教师的体态语有所认识。可通过查阅相关资料以及试探性观察，对观察对象的特点、观察范围和观察过程中可能遇到的问题有所了解，如观察范围有高年级段的、低年级段的；理科的、文科的、艺术类的等。这样，结合研究的问题和一些主客观因素，观察者大致就能确定观察的范围了，同时能对观察的重点以及观察的步骤有基本的规划。

（2）制订观察计划与方案

观察目的确定后，观察者就要制订详细的观察计划和实施方案，以保证观察能够有计划、有步骤、全面系统地进行。观察计划一般应包括如下内容：① 观察目的；② 观察的对象，选取具有代表性和典型性的观察对象；③ 观察的内容，列出需要通过观察获得材料的要目；④ 观察过程，包括选择观察的途径，安排观察的时间、次数和位置，选择观察的方法和掌握观察的密度等；⑤ 观察的记录表格、速记符号，规定有关的统一参照标准；⑥ 观察手段和工具；⑦ 观察的注意事项，根据观察的特点，列出保持观察对象常态的有关规定。

对文科学生在理科课堂学习情况的观察方案

1. 观察的目的

了解文科学生在理科课堂学习中的表现，以便为改变文科学生在理科课堂中的不良表现提供依据。

2. 观察对象

6名高二年级学生，学优生、中等生、学困生各2名（3名男生，3名女生）。

3. 观察的内容

观察的内容包括课堂学习行为和非学习行为。课堂学习行为主要指听讲、记笔记、回答教师提问、向教师提问题、参与讨论、课堂练习；非学习行为主要指和同学说话、睡觉、吃东西、喝水、东张西望、做其他事情等，还包括学生在课堂上的情绪状态。

4. 观察的取样和安排

学科取样——抽取物理、化学、生物3科；时间取样——观察时间为两周，每周每科听3节课，共18节。

5. 观察记录表

学生课堂学习情况观察记录表

学科________听课时间________任课教师________

（记录时，每节课有45分钟。该表省略了中间段，以…代替）

观察内容		1	2	3	4	5	6	…	40	41	42	43	44	45
学习行为	听讲													
	笔记													
	问答													
	……													
非学习行为	说话													
	睡觉													
	张望													
	……													

表注：记录符号，如▲，认真听讲；△，不认真听讲；⊙，正确完成了课堂练习；○，没有正确完成课堂练习。

6. 观察的注意事项

第一，在观察前要熟悉观察内容，对于观察表所包含的观察项目，基本达到熟记程度；第二，在正式观察前要进行预试观察；第三，观察时不要以研究者的身份自居，要与观察对象保持良好的关系，保证观察对象的常态。

(3) 实施观察

观察者进入现场，按照观察计划，有步骤地进行系统观察。进行实际观察应尽量按计划进行，不要轻易更换观察的重点，超出原定的范围就可能脱离原定的观察目的。观察时，要充分运用各种感官，获得尽可能多的信息。观察的途径与方法有以下几种：① 在实际工作中观察，即在自己的教育教学活动中，随时观察学生的反应；② 参观，如参观学生的作品、去学生的家里进行访问，以及外出学习观看先进典型等；③ 听课，以旁观者的身份，冷静地分析其他教师的教法与学生的学法，寻找更好的方法；④ 参与其他教育活动，如学校的升旗仪式、义务劳动、班队会、晚会等，这些活动都是全面了解学生的好机会。

(4) 记录并收集资料

观察记录是观察活动中的一项重要内容，对观察研究具有重要的意义。做观察记录，应符合准确性、完整性和有序性的要求。为此，观察者必须及时进行记录，而不要单纯依赖大脑记忆。一般的记录方式有以下几种。

① 等级记录

观察者根据观察对象的行为表现，按照事先确定的等级划分，记录观察对象的行为等级。如在观察记录学生在某一集体活动中的表现时，可以分为十分活跃、活跃、一般、不活跃、很不活跃五级。记录的方法可以是在预先编制的表格上按等级画圈。

② 频率记录

即记录在特定时间内特定行为出现的频率。观察者事先应根据观察的对象和观察的项目编制表格，一旦出现某一现象，就在相应的表格内打上记号。

③ 行为核查记录

它是观察者对观察对象的某些行为是否出现、出现的时间、频率等进行核查的记录。这种记录一般应事先编制行为核查记录表，按照一定的类别列出要核查的行为，然后进行核查记录。

（5）整理、分析观察资料

对记录资料的初步整理主要包括以下几项工作：删去一切错误资料，补充遗漏材料，及时纠正和修补资料。对于当时记录概括的资料进行细节补充，对于当时未记录的资料及时进行补记，对反映特殊情况的资料另做处理。通过观察获得的资料，我们可以进行定性分析和定量分析。在对资料分析的基础上，得出研究结论。

3. **运用观察法应注意的问题**

（1）选择最佳观察位置

选择合适的观察位置对于观察的效果具有重要意义。在选择位置时，要注意两个因素：方位和距离。合适的方位是指观察者要面对被观察者，如果背对或侧对，就难以观察到被观察者的行为和表情。在观察的过程中，观察者要适当调节自己的观察位置，以保持合适的观察距离。总之，在观察时，观察者一方面要力争处在观察的最佳视野，另一方面要保证不影响被观察者的常态。

（2）善于抓住观察对象偶然的或特殊的反应

要全面正确地了解问题，偶然的或特殊的反应也很重要，它对研究问题的动向更具启示意义。因此，在观察过程中，对于被观察者偶然的或特殊的反应，观察者一定不要忽视，应该给予重视。

（3）注意观察与分析相结合

科学的观察不仅仅是被动地收集资料，更重要的是对资料进行分析研究，找出各种教育现象间的联系。因此，在观察过程中，观察者一定要把观察和分析研究相结合。通俗地说，即一边观察一边思考。在做记录时，观察者可以把自己头脑中闪现的意见、推论等记录下来，用一些特殊符号将它们同严格的观察记录区分开。因为这样的意见对于以后分析资料可能会有帮助。

（4）坚持观察的客观性

如果观察者带着偏见去观察，收集到的资料的客观性、真实性就很难得到保证，那么这些资料也就失去了它应有的价值。因此，在观察时，观察者要摒弃一切先入之见，要实事求是地进行观察和记录，不要因个人好恶影响观察的客观性。

（5）做好观察前的准备工作

做好观察前的准备工作是进行科学观察的基础，准备工作的好坏是观察成败的关键之一。在观察前，观察者一定要制订好观察计划或方案，以保证观察能够有计划地进行。此外，要做好物质方面的准备：如果观察要借助仪器，就必须事先对仪器进行检查、安装，并了解其如何使用；印制观察记录表，以便能迅速、准确、有条理地记录所需要的材料，便于日后的核对、比较、整理和应用。

二、行动研究法

行动研究法，是指有计划、有步骤地由教师或教师与教育专家及研究人员合作，边研究边行动，以解决实际问题，提高教育教学质量为目的的一种科学研究方法。从学校教育角度看，行动研究是以教师为研究者，以教育的相关活动为研究题材，以日常的教育情境为研究情境，以教育活动的改进为研究目的的。

1. 行动研究法的特点

行动研究法区别于其他研究方法的一些特点如下。

（1）研究目的

行动研究的目的不在于理论上的创新和发展，而是以提高行动质量、改进实际工作、解决现实问题为首要目标的。改进现有工作是行动研究的主要功能，它既能解决教育实践中产生的问题，也能提高教师的教育教学质量和研究水平。

（2）研究对象

行动研究以教育实践中出现的问题作为研究对象。行动研究的问题或对象具有特殊性，通常只限于本校出现的问题，表现出地区和单位的特征。

（3）研究策略

行动研究的策略，是走出人为的实验室，在真实自然的教育教学环境中，边行动边研究。在行动中发现问题、研究问题，并根据行动的实际情况随时调整计划，完善行动，解决问题。

（4）研究人员

行动研究的研究人员主要是从事教育工作的教师，他们是开展教育科学研究的主体或主力。这是由于教师最知道教育实践中亟待解决的问题，而教育问题的解决，以及研究成果的推广应用，更需教师来操作。当然，研究主体除教师外，还要求教育专家、教育行政人员等合作参与研究，以提高研究水平，促进教育问题的解决。由于行动研究可以使广大教师摆脱对专家、学者的依赖，通过自身努力解决教育教学中遇到的问题，故深受一线教育工作者的欢迎。

2. 行动研究的层次和范围

（1）行动研究的三个层次

① 某教师单独对某教学班某学科的教学实行新方法，或将自己的新思想转化为行动。

② 学校组织若干教师组成研究小组，自行开展研究，或在教育专家指导下进行研究。

③ 由专业研究人员、教师、政府部门、资助者、学校行政领导等组成较为成熟的研究队伍，开展研究。

（2）行动研究的适用范围

① 在教学过程中将新的改革措施引入固有的体系中，使之得到创新。

② 作为职业训练的手段，提供新的技术和方法，提高教师的职业分析能力和自我意识。

③ 在特殊情况下，对已确诊的问题加以补救，或使环境因素得到改善。

④ 对课程进行中、小规模的研究与改革。

3. 行动研究法的实施

行动研究是一个螺旋式加深的发展过程，每一个螺旋发展圈又包括五个相互联系、相互依赖的环节。

（1）发现问题

任何研究都是从选题开始的，行动研究也不例外。与其他类型的研究相比，行动研究的选题独具特色：行动研究既不要求选题具有对现实问题的普遍代表性，更不追求像理论研究选题那样具有高度抽象概括性，它的主旨是随时随地研究和解决具体的问题，凡是工作中遇到的问题，都可能是研究的选题。所以，行动研究的选题都来源于具体问题，有具体的时间、地点、当事人、特定的情境、特定的背景、特定的事物及其发生发展的历程等。行动研究就是针对这些具体情境中的具体问题而展开的。

例如，“解决××问题的尝试”“关于××问题的个案研究”“××问题的对策与研究”“从××入手，解决××问题的研究”等课题。由于教师的时间、精力、工作任务和场所等的限制，这些问题往往都是发生在教室或校园里的身边事或“小”问题，但只要这个问题抓得准，就是值得研究的真问题。从这个意义上说，行动研究的课题是以教育工作者在工作中遇到的真实问题为研究起点的：问题即课题。

另外，行动研究的选题范围也很广泛，学科教学方法、课程与教学内容的开发、班级管理、学生心理健康、师生关系等方面的问题都可以进行研究。

选择问题可以参照以下标准。

① 解决这个问题对本人工作的改进具有重要意义。

② 解决这个问题对学生的发展具有重要意义。

③ 解决这个问题会带来较多的进一步研究的机会。

④ 是教育工作者本人愿意努力探究并加以解决的问题。

⑤ 所处环境中的制约因素不至于影响问题的解决。

（2）制订计划

根据现有的资料及对问题所做的各种分析，拟订切实可行的行动研究计划，包括总体计划与具体计划。总体计划是对某项行动研究进行整体规划和安排，具体计划是对某项行动研究的每一具体行动步骤的计划。

研究计划包括以下几个方面的内容与要求。

① 行动研究的总体设想和目标是什么？预期的成果及其表现形式有哪些？明确行动研究的目标十分重要，它既是研究的方向和目的，又是评估和衡量研究成效的重要依据和标准。

② 实现研究目标的方法、策略、手段有哪些？需要创造哪些新的条件开展行动研究？有哪些理论可以为本项研究提供依据？国内外同行在同类问题的解决过程中有哪些好的方法可以借鉴？后两项工作需要教师查阅一定的文献资料和进行相应的理论学习或培训。

③ 采取何种形式开展研究——是个体研究还是和同事组成研究小组，或者约请专家与自己开展合作研究？行动的进度及时间的安排如何？至少

应安排好第一步、第二步行动研究内容。如果是采取与同事或专家合作的方式进行研究，在计划中要拟订合作的规则、行动如何协调等事项。

④ 采用哪些途径和方法收集反映研究过程和效果的资料与数据？如何对行动研究的过程和效果进行检测和评估？怎样对研究活动进行监控和检查？

在制订研究计划的过程中，应注意以下两点：一是设计的行动必须是行动研究的参与者能够做到的，拟订的计划应与学校的工作安排相协调，以不干扰学校的正常工作为前提；二是计划必须有充分的灵活性、开放性。制订计划时，既要考虑和包容已知的制约因素，又要预见可能发生的情况，想好应对的策略。

（3）实施行动

将计划付诸行动，在具体实施过程中，研究者不断地回收信息进行研究，修改完善原计划，以达到研究问题的圆满解决。实施计划的行动研究要重视实际情况变化，重视实施者对行动及背景的逐步认识，重视其他研究者及参与者的评价建议，并据此对行动进行不断调整。

① 行动的计划性

行动是对行动计划的落实和检验。这时的行动已经不是日常工作中例行公事式的习惯动作和机械操作，而是有计划、有目标、有系统（持续进行的系列行动）、有监控（自我监控和他人监控，以防止研究的随意性）的行动。简单地说，这时的行动已经是研究进程的一部分，同时是教师教育教学行动的一部分，是改进中的教育教学行动。在行动过程中，教师既是行动者又是研究者。作为行动者，教师要将自己拟订的行动计划付诸实践；作为研究者，教师要时刻监控行动的进展，观察新的行动产生的效果和影响，同时要不断收集反映研究过程和效果的数据资料，以反思、发现研究过程中的新问题。

② 行动的情境性

按照研究计划一步步地采取行动，为问题的解决提供了基本保证。但是，由于教育行动研究中的行动是在实际工作环境中进行的，许多因素不可能事先确定和预测，更不可能全部控制，而且在行动的过程中，教师也可能形成新的认识、新的想法，在这种情况下，就可能会根据实际情况和各方面参与者的评价建议对问题和计划进行修订，相应的，行动也要随之调整。因此，行动研究中的行动是灵活的、能动的，是能根据情境进行调整的。

（4）检查

检查主要指对行动过程、结果、背景的检验和考查。总的来说，检查就是综观整个行动研究过程，评价该研究设计是否正确、过程是否科学、结果是否有效，等等。找出计划与结果的不一致性，从而形成总体计划和下一步行动计划是否需要修正，需做哪些修正。这一环节需要从以下两方面进行。

第一，监控行动的全过程。即对教师及其行动的背景、过程、效果、特征等进行全面观察，并及时提供反馈信息，以对研究过程进行监督控制。为了提高研究的质量，在观察过程中应灵活运用各种已知的观察技术保证观察的科学性、客观性。除自我观察外，还可以约请他人从不同的方面进行多视角的观察。

第二，收集研究资料和数据。行动研究过程中应收集的资料主要是能反映研究过程和效果的资料、数据。常见的有教师的研究日志、教学日志；学生的作业、作品、测验或考试成绩；教师对学生的评价记录；研究过程中与同事、领导、专家交流或开会的记录；相关的问卷调查、访谈材料；录音、录像等。

（5）反思

将反思放在上述几个环节之后提及，并不意味着反思只是在行动研究的后期进行。实际上，反思是推动行动研究不断深化的重要机制，它伴随着行动研究的全过程。行动研究后期的反思工作主要包括以下内容。

第一，归纳、整理和描述工作。这部分工作主要是教师对观察和感受到的、与制订计划和实施计划有关的活动与各种现象进行归纳、分类整理，对行动研究的过程进行系统描述，将获得的数据及时进行分析，必要时可用统计法对数据进行整理和解释。在此基础上，教师对照行动方案，主动检查教育教学改进的成效和存在的不足，总结行动研究的得失，根据问题的情境、行动的步骤等撰写研究报告。

第二，评估与解释工作。这部分工作主要是对行动研究的过程和结果进行判断和评价，对有关现象与原因进行分析解释。如有必要，可提出下一步行动研究的设想或建议。由于教育实践问题的复杂性，教育行动研究对问题的解决常常不是直线推进和一次完成的，而是一个从计划、行动、观察、反思到新一轮计划、行动、观察、反思，直至问题解决的螺旋式发展的过程。这个过程使行动研究区别于教师在日常工作中基于零碎或偶然思考的问题解决，也不同于一般的“经验总结”活动，或简单的、零散的、短期的“反思性教学”行为。行动研究是对行动中的问题进行系统而持续的探究直至问题解决的活动，是一种有效的专业化的创造性工作方式。

行动研究基本上采用线性研究流程，对某一具体问题的行动研究的终结，意味着进入下一轮更高层次的研究，或者变换研究问题。正因为行动研究有着实在的研究对象、快捷的研究周期、易控的研究过程，所以很适合广大一线教育工作者的实际需要，是一种简单易行的大众化科研方法。

三、经验总结法

教育经验是指教育工作者在长期的教育实践中获得的有关教育活动的知识、技能以及情感和情绪体验。这些教育经验因其来源于实践，经过了教育工作者的亲身经历，而具有生动、具体、鲜活、情境化等感性认识的色彩。同时，教育经验作为客观教育实践的主观化产物，又是教育理论的基础和源泉。教育理论是在对教育经验总结和提炼的基础上形成和发展起来的，其科学与否，要通过教育实践来检验和评价。因此，教育经验是教育实践与教育理论之间的桥梁。

经验总结法即将大量丰富而多彩的教育经验提升为教育理论的方法，是在不受控制的自然状态下，依据教育实践所提供的事实，按照科学研究的程序，分析概括教育现象，揭示其内在联系和规律，使之上升到教育理论高度，促进人们由感性认识转化为理性认识的一种教育科研方法。

1. 经验总结法的价值

运用教育经验总结法，一方面可以对教育实践经验进行科学的总结，获得对教育教学过程的规律性认识，为已有的教育理论增添新的内容，是丰富和发展教育理论的方法；另一方面，教育经验总结的对象往往是教育工作者普遍关注和思考的热点问题，一般较为生动、具体，所以它又是推广先进教育经验的重要手段。

对于中小学教师来说，经验总结法具有特殊的意义。作为一线教育工作者，经过长期的教育教学实践，都不同程度地积累了大量的教育教学经验，每个教师都会对自己的教育教学有独特的认识和体会，每个教师都可以结合自己的教学实践活动，有目的、有意识地总结自己的教育教学经验。从这个意义上说，每个教师都可以成为研究者。此外，经验总结法简便易行，教育工作者比较容易掌握。通过对自身教育经验的分析思考、总结概括，能够促使教师的业务水平进入一个良性循环的自我提高过程中，从而不断地从更丰富、更广阔的层面上掌握教育教学规律，取得良好的教育教学效果。鉴于这些特点，教育经验总结法越来越成为提高中小学教育教学质量、促进教师专业发展的重要方法和手段。

2. **经验总结法的类型**

从教育经验的科学水平来分，教育经验总结可以分为三个层次，即具体经验总结、一般经验总结和科学理性的经验总结。

（1）具体经验总结

具体经验总结又称为实践性总结。它是以具体实践为基础，总结某次教育或教学活动的经验。例如，“开展手拉手活动的几点做法”“古诗《春晓》的电教尝试”“一个后进学生的转变”“一堂观摩课的启示”，等等。具体经验总结的内容生动具体，易于学习和仿效。具体经验总结的内容与方法为：教育活动过程＋效果＋体会。

总结教育活动过程主要包括记述活动的目的、内容、经过、师生参与情况等；总结效果主要包括记述这次活动后师生的反映、收获，以及是否达到预定的目标等；总结体会主要包括介绍活动组织者的感受，以及对此项活动的优越性的认识，即具体经验所在。

（2）一般经验总结

一般经验总结指在具体经验总结的基础上，概括出经验的一般形式。这种经验具有更大的普遍性，是进行科学总结的基础。

一般经验必须在具体经验的基础上形成，必须有较长时间的总结和扎实的基础材料，才能形成较为稳定的“看法”与“观点”。一般经验可以成为一类教育活动的参考与借鉴。例如，“一所中学德育教育的构想”“农村小学素质教育模式探索”“谈创造能力的培养”，等等。一般经验总结通过对一种教育活动的基本程序的介绍和举例说明，指出这类教育活动的指导思想的优越性、适应范围和实施的具体建议，使读者感到经验的真实可行，从而乐于学习、接受这一经验。由于一般经验较具体经验有更大的普遍性，因此其科学水平高于具体经验。

(3) 科学理性的经验总结

科学理性的经验总结是经验总结的最高层次。它是在一般经验总结的基础上，通过理性的、逻辑的分析，揭示经验的实质及其在教育工作中的地位和作用。通过科学理性的总结，把各种教育经验上升为教育理论。教育家苏霍姆林斯基的“学生全面和谐发展”理论和他的著作《给教师的建议》、我国上海育浦县数学教学改革的经验、特级教师李吉林的情境教育等，都是科学理性的经验总结。

科学理性的经验总结是教育科学研究者和广大教育工作者的理想目标。要达到这一目标，需要广大教育工作者同专业研究人员紧密联系，密切合作，深入实际，调查研究，认真筛选，反复验证，从而把经验上升到教育理论。

3. **经验总结法的实施步骤**

教育经验本身具有广泛性、群众性和多样性的特点，其内容又相当复杂，一般不能控制在特定条件下进行总结，因此缺乏统一的方法和步骤。但由于经验是在实践中产生、发展的，是客观存在的，所以只要做个有心人，还是有规律可循的。

(1) 选择研究课题

经验总结是把自己的或他人好的思想、好的教育措施、好的教学风格和形式加以认真研究，从中找出有关的规律，以引起社会共鸣，产生更大范围的社会影响。在进行经验总结前要先选好课题，只有确立了方向，明确了研究的目的、任务与要求，才能事半功倍。如果事先没有确定课题，凭一时的兴趣进行经验总结，是难以取得效果的。

(2) 制订总结计划

总结计划，是总结经验过程的构想。总结计划包括经验总结的目的、任务和基本要求，人员安排，总结实施程序，总结对象的确定，经验的验证及经费支出等。另外，由于实际情况是复杂的，有些东西不一定能事先预设到，所以，在制订计划时，要留有余地。

（3）收集和分析资料

总结经验时要以具体事实为基础，如实地反映事物的本来面目，所以收集资料十分重要。如果我们要总结的是自己的经验，那么在平时就要重视材料的积累以及对原始经验的记录。在记录原始经验时，要严格遵循客观性原则，力求做到真实、准确、实事求是。一般来说，一项经验记录应该包括以下几方面内容。

问题或现象的具体阐述，如时间、地点、人员、问题产生的原因或背景；对问题的分析和判断；解决问题的具体方法；解决问题的实际效果；对不可控制因素影响的预设等。

资料收集齐全后，就要分析这些资料，对资料进行科学的筛选。这也是经验总结的一个重要环节。因为收集的资料好比一堆杂乱的“散装货”，需要识别真伪、删繁就简，并分门别类地加以整理。同时通过对事实资料的分析，我们可以分清哪些是主要的，哪些是次要的，哪些内容有所创新，哪些方面还有待考查，从而揭示事物的内在联系和本质特征，总结出带有规律性的经验。

（4）组织论证

我们在获取资料，并经过分析综合写出经验总结的详细提纲或初稿后，就应该组织论证了。论证应以经验总结者为主体，邀请教育主管部门的领导、教育专家、教育理论工作者、教师等参加。有时，也可邀请学生代表参加。

通过论证，经验总结者听取不同意见，接受质疑、提问，集思广益，吸收真知灼见，然后进行修改补充，完善经验总结报告。至此经验总结的过程就全部完成了。

4. 运用经验总结法应注意的问题

（1）善于反思

教师要经常对自己的教育教学行为进行反思。通过反思，对自己的课堂进行回味、咀嚼、整顿和梳理，从而获得更清晰的自我意识，使自己的教育经验、教育观念由自发的无意识状态上升到有意识的明晰状态；通过反思，教师能够不断地发现问题，从而为思考并解决问题奠定基础；通过反思，教师更容易发现自己某种教育行为背后的观念、背景，更能够发现自己以前“日用而不知”的个人教育观念；通过反思，教师能够获得思想的升华，从而达到一种豁然开朗的境界。

（2）善于总结

教师要善于对发现的问题进行分析、比较、归类、综合、概括、推理、判断等思维加工，即对自己及他人成功与失败的经验进行研究和归纳，从中找出普遍的特点和规律，提高自己对问题的认识和把握。教师要养成记教育日志的习惯，将自己每日的教育教学工作以教育叙事、教育日记等形式记录下来，积累大量的教育素材，为自己的思考研究奠定基础。教师还要善于将自己对教育教学问题的思考写出来，将自己对这些问题的认识用语言表达出来，使其不断提升到理论层次，这样既能促进自己教育理论水平的提高，又能对他人的教育教学产生积极的引导作用。

（3）善于学习

教师要学习教育学、心理学、学科教学法等方面的知识，要掌握国家的教育方针政策，了解最新教育发展动态，并自觉与自己的教育实践结合起来，通过总结反思、分析归纳，将教育理论与教学实践在思维层面和实践层面进行有机的结合。只有这样，才能更好地升华理解，提高认识，并不断修正自己的教育行为。

四、教育实验法

教育实验法是研究者为了解决某一问题，根据一定的教育理论，在严格控制或特别创设的条件下，有目的、有计划地观察、记录、测定教育现象的变化，研究教育条件与教育现象之间的因果关系，从而得出科学结论的研究方法。

下面以赫洛克的一项实验研究“不同的评价方式对学生的学习会产生不同的影响”为例进行介绍。

研究的问题是“不同的评价方式对学生的学习会产生不同的影响”。研究中运用心理学和教育学的有关理论，先提出假设：表扬和鼓励比批评和指责更能激发学生的学习动机。为验证这个假设，研究者选取了104名四、五年级的学生作为被试者，并对这些被试者进行了一次测验，以测验成绩为基础，将被试者分成 4 个相等的组，让 4 个组在 4 种不同的情况下进行难度相等的加法练习，每天 15 分钟，共进行 5 天。以下是 4 个组的不同情况。

第一组为受表扬组，每天练习后，老师予以表扬和鼓励，当众宣布受表扬同学的姓名。

第二组为受训斥组，每次练习后，老师总是点名批评和训斥这一组学生，而不管学生实际做得如何。

第三组为静听组，静听组既不受表扬也不受训斥，而是静听他人受表扬或受训斥。

以上 3 个组在一间教室进行练习。

第四组单独练习，既不受表扬也不受批评，也听不到别人受表扬或受批评。

5 天后测验这 4 个组每次练习后的平均成绩，并汇总整理，制成曲线图。实验结果表明，受表扬组成绩最好，受训斥组次之，静听组又差一些，而单独练习组最差。这就验证了前面的假设，有批评比无批评效果要好，表扬比批评效果要好。

通过以上例子我们可以了解实验的逻辑：根据某种理论命题或者根据经验事实和主观判断，假设两个变量之间存在因果联系，即推测现象 X 是造成现象 Y 的原因：X→Y。为了证明这一假设，我们首先观察 Y 的变化情况，即先测量在没有受到 X 的影响之前，Y 的情况如何（前测）；然后通过操纵某些条件，引入被看作是自变量和原因的实验刺激，即引入 X，使 Y 发生变化；接着再对引入 X 以后 Y 的情况进行测量（后测），并比较前后两次测量的结果。如果前后两次的情况发生变化，则可以初步认为 X 是导致 Y 变化的原因，即检验了 X→Y。这可以说是实验法最基本的分析逻辑。

我们可以由此来理解实验法的概念。实验法是通过主动变革、控制研究对象来发现与确认事物间的因果联系的一种科研方法。简单地说，就是在实验过程中，研究者通过引入（或操纵）一个变量（即自变量），以观察和分析它对另一个变量（即因变量）所产生的效果。

1. 教育实验法的特点

教育实验法是用实验的方法来研究教育问题的，其主要特点有以下几点。

（1）实验者与教育者合二为一。一个教育实验工作者不仅是实验的设计者、组织者、实施者，同时是一个教育者，在教育人的过程中研究教育。

（2）教育实验的被试者就是教育对象，是一定群体的学生。学生是参与实验的主体，有自己的自主性、创造性，研究者必须尊重他们的意愿，发挥他们的积极性、创造性，与他们一起实验，而不能损害他们的身心健康。

（3）教育实验更多的是在真实的社会环境和学校环境里（而不是在专门的实验室）进行，不可避免地会受到政治、文化、民俗及其他大量的非科学因素的干扰，其控制不如实验室实验那样精确、严密。

（4）教育实验要确认教育现象之间的因果联系，既要有求真做基础和前提条件，又要以至善为出发点和归宿，同时受真理标准与价值规范的双重制约。

（5）教育实验的周期比较长。一种新的教育制度、新的教材和新的教法的实验，决非短时期内所能完成，往往需要几年才能看到真正的效果。较为复杂的教育实验，往往还需要几轮的反复实验，才能获得可靠的结论。

2. 教育实验中的三种变量

所谓变量就是可变的量，它是随着条件、情境的变化而在数量或类型上起变化的人或事物的特征或方面，又称因子或因素。变量有自变量、因变量和无关变量之分。

自变量是指研究者主动操纵，而引起因变量发生变化的因素或条件，即假定的原因变量。例如，“运用现代教育技术，优化课堂教学结构，提高教学效果”课题中，对现代教育技术的运用（教学手段的变化），引起了教学结构的变化和教学效果的变化，因此现代教育技术的运用就是这一课题中的自变量之一。

因变量是因为自变量的变化而产生的现象变化或结果，也就是假定的结果变量。例如，上述例子中，教学效果的变化就是一个因变量。

无关变量就是我们不进行研究的，但是在实施研究的过程中对研究又有一定影响的变量。无关变量也称控制变量。由于这些变量产生的作用有时会干扰我们对研究成果的分析，所以，对这些变量我们应尽可能地加以控制。例如，上面的例子中，教学效果的变化可能是由于学生随着年龄的增长，理解能力也得到了提高，或是由于在考试前教师强化了学生对知识的训练，还可能是这一学期学校加强了班级的管理，使学生的学习的积极性得到了提高等因素引起的。如果是这些因素促进了教学效果的提高，那么，我们的研究成果就不能说明要研究的问题。因此，在研究时我们就有必要对这些无关变量加以控制，尽可能地减少其对研究成果的影响。

在一个课题中，研究者要明确什么是自变量，它是如何实施的；哪些是因变量，如何对它们进行测量；哪些是无关变量，对这些无关变量如何加以控制。

3. 教育实验设计的一般步骤

（1）陈述研究的问题并提出研究假设

要以简明扼要的文字说明研究的问题及研究假设。例如，天津市上海道小学进行的整体改革实验，研究的问题是“课程结构的改革”，研究假设是“使用包括学科课程、活动课程和潜在课程在内的大课程体系进行教育教学，要比使用原来的常规的课程在学生发展、教师提高、优化育人环境和机制等方面效果好”。

（2）确定实验处理

实验处理即教育实验中所要操纵的自变量的变化。对实验处理的确定涉及两个内容：第一，自变量的数目及其具体表现；第二，一个实验起码有两种以上的不同处理，即实验组采用的变量和控制组采用的变量。比如，“研究小学生智力技能形成的途径”实验，自变量是复合应用题解析技能的形成方式，实验组采用“按阶段形成”的方式，控制组采用“一般讲解练习”的方式。

如果某实验不仅要研究新编教材的特点，还要研究什么方法更适合于教材，这就涉及教材（传统教材与新教材）与教法（讲授法与自学讨论法）两个变量以及它们之间可能存在的各种组合，因而需要更复杂的实验设计。

（3）列举群体、样本、实验单位、抽样方法及样本大小

群体指样本的总体。如要研究小学生能力发展，那么目标总体就是在校学习的小学生。

样本指实验进行的具体单位。

实验单位，可以是个人、班级，也可以是一所学校、一个团体，其必

须独立接受实验处理并做出反应。

抽样方法包括随机抽样、分层抽样等。

关于抽样的基本要求有以下几个方面。

① 明确规定总体

抽样的第一步是明确规定总体。研究目的和课题性质决定了总体的范围和内涵。如“大学生学习现状调查与学习指导的研究”，总体就是全国的所有大学生；“某某地区初中学困生教育的研究”，总体就是某某地区城乡初中学困生。从某一总体抽取的样本，经过研究获得的结果只能推广到这一总体中去。

② 抽样的随机性

一个随机样本，在总体的所有成员中都有同等的被选样的机会，因此，要尽可能使每个被抽取的个体具有均等的机会，也就是说使被抽取的任何个体与个体之间是相互独立的，在选择上没有联系，这里不存在任何选择的标准，不带任何意义成分，从而尽可能使样本和总体有相同的结构。

③ 抽样的代表性

要尽可能使抽取的样本能代表总体。如某市对初中学生学习方法现状进行调查研究，全市初中三个年级约 42 万学生，可以从中抽取 840 人来说明 42 万学生的情况，因此这 840 人的代表性就非常重要了。只有样本具有代表性，由样本特征推断的总体特征才具有一般性，对总体的研究成果才有推广价值。例如，某人研究某大学学生课余爱好，利用自习时间到图书馆发放问卷，问卷回收率 90%以上，得出的结论是 65%的大学生喜欢读书。这一结论由于取样的偏差而带来了误差。

④ 合理的样本容量

要科学地确定样本的大小，既要满足统计学上的要求，又要考虑实际上收集资料的可能性，并使误差减到最低限度。一般来说，样本容量与样本代表性呈正相关，大的样本更具有代表性，研究的结果可能更具有一般性。结合长期教育研究的实践经验，提供以下取样大小的参考值：描述研究、调查研究的样本为总体的 10%。除少数情况，调查研究的样本容量不能少于 100，相关、比较研究的样本每组至少 30。条件控制不严密的教育实验，最好选择一个自然教学班，不少于 30 人。

(4) 选择因变量及适当的测量手段

对因变量的测定要考虑以下几个问题。

① 要确定所选择的因变量能够提供有关研究问题的信息。

② 要决定怎样进行测定，如何选用适当的测量方法、度量单位及必要的技术手段。

③ 要考虑测量数值的可能准确度。

(5) 选择实验的类型

教育实验最基本的设计类型有以下几种。

① 单组实验法

单组实验法指同一组被实验者分期接受不同实验因子施加的影响，然后测量不同因子所产生的效果并加以比较（被实验者仅有一组，只是实验前后的比较）。这种方法简单易行，但难以排除“时序效应”。

② 等组实验法

等组实验法是常用的一种教育实验形式，其形式是把被实验者分为几个基础相同的小组，称之为等组，如人数相等、能力相等，其他条件如教师能力、教材内容、教学时间、教室环境等也都应当相同。各种条件相同后，再施以不同实验因素的影响，经过一段时间，再测量实验因素所产生的结果，以求得结论。这种方法用等组平衡的方式来控制无关变量，可有效避免“时序效应”，但要真正组成所谓的等组是很不容易的。

③ 轮组实验法

轮组实验法是指第一轮时两个组同时接受不同实验因子的影响，第二轮时把实验因子对调，然后对实验因子施加后产生的效果进行比较。这种实验采用抵消法来控制无关变量，可有效克服“时序效应”和难以组成等组等缺点，但组织起来比较复杂。

(6) 判定需要控制的无关变量

研究者不可能做到控制所有干扰，因此要集中考虑会影响实验变量的主要因素。例如，要研究“如何分配复习时间才能收到较好的英语复习效果”，自变量是复习时间的分配方式，因变量是测试成绩，而被试者的智力水平、英语成绩、复习内容、复习时间等就是影响英语成绩的需要控制的无关变量。

4. 运用教育实验法应注意的问题

（1）实验设计要符合基本的道德准则

教育实验不同于一般自然科学实验的显著之处就在于它的研究对象是人。因此，研究者在提出实验课题或设计实验因素时，务必要注意不能使实验对学生的身心健康产生不良影响。

（2）必须提出实验的假设

研究者选择好课题以后，必须针对研究目的提出实验的假设。一个实验的假设是否明确、恰当，对该实验的成败和价值，有着重要的影响。

（3）实验需反复进行

由于教育实验具有复杂性，对于某一个问题，通过一次实验，往往很难下结论，因此实验需要反复进行。一般可以先从小规模开始，然后再逐渐扩大范围，延长周期，以便在更具有代表性的情况下，探索出事物的客观规律。

另外，研究者还要确定实验的自变量，使其具有可操作性；明确评价因变量的指标，严格控制无关变量。

五、个案研究法

个案通常又被称为案例，是指具有某种代表意义及特定范围的具体对象。具体到教育研究领域，这个对象既可以是一个人、一门课程、一个机构，也可以是一个事件或一个过程等。个案研究法是在广泛收集个例的资料，彻底了解个例现状及发展历程的基础上，对单一研究对象的典型特征进行深入而缜密的全面分析，确定问题症结，进而提出建议的一种研究方法。通常也被称为个案法、案例研究法。

1. 个案研究法的特点

（1）个案的典型性与问题的普遍性

个案研究的对象是与同类问题相比表现较突出的教育研究对象。虽然个案研究的对象是个别的，但不是孤立的，因而对这些个别对象的研究必然在一定程度上反映其他个体和整体的某些特征和规律。个案研究的目的固然是了解、把握某个个体的具体情况，但也要通过一个个案的研究揭示出问题的普遍性。

（2）结果的描述性与过程的跟踪性

个案研究的研究结果是对研究对象极为详细的描述，通过讲述研究中的一个个故事和对研究过程中的“实物”进行生动细致的描绘，来引领读者更好地理解研究中的样本。个案研究既可以研究个案的现在，也可以研究个案的过去，还可以追踪个案的未来发展。由于个案研究的对象集中，所以研究时就有较为充裕的时间，能对有关该研究对象的尽可能多的变量及诸变量在较长一段时间内的互动进行透彻、深入、全面、系统的分析与研究，因而个案研究往往具有跟踪性质。

（3）情境的自然性与互动的灵活性

在个案研究中，可随时对研究对象做深入研究。个案研究一般都是在自然的情境下展开探讨，不会去改变外在的因素，研究者着重在一旁观看或是参与其中，不添加任何外在的影响，对研究对象控制程度很低，重在自然状态下的表现。研究者可参与到个案中，站在研究对象的立场上观察他们，探讨他们对事件的知觉过程，用他们的语言与他们互动。

（4）方法的多元性

为了收集更多的个案资料，多角度把握研究对象的发展变化，就必须结合教育观察、问卷调查、访谈调查、教育实验、教育与心理测量、实物分析，以及整理查阅文件、档案记录等多种方法，综合行动研究法、叙事研究法等多种研究手段进行个案研究。

（5）注重分析的科学性

对资料的分析在个案研究中占据重要位置。一项个案研究包括有关个案的大量资料的汇集，其资料收集范围甚广，包括过去的和目前的，资料会显得繁杂琐碎，因此必须精细分析，方能找到问题的真正所在。每一个个案都有其独特的背景，个案的问题是长期形成的。因此，分析个案问题需考虑许多变项，不只探讨目前存在的问题，也要探讨目前问题的来龙去脉。

2. 个案研究对一线教师的意义

（1）个案研究在教师的日常工作中具有较高的可操作性

一线教师需要应对日常繁杂的教学工作，时间和精力有限，因而进行严格的教育实验和大范围的教育研究都不现实。个案研究因其具有研究对象少、研究规模较小、一般都在没有控制的自然状态中进行等特点，使教师有条件对个案的方方面面进行细致的研究。教师可以抓住个别典型的学生、教学行为、教学事件，结合教育教学工作实践进行研究。对于任何一位教师来说，都能随时随地找到自己感兴趣的研究对象，而且不需要什么特殊的处理，不影响正常的教育教学活动。

（2）个案研究对教师的教学活动具有极强的实践意义

个案虽然特殊，但它准备揭示或予以验证的问题往往是具有普遍意义的。教师开展个案研究所关注的问题往往是困扰、影响自身及同事教学目标达成的问题，只有解决了这些问题，才能保证正常的教育教学工作顺利开展，这就促使教师在压力下萌发进行个案研究的热情。个案包括一系列过程、事件、个人或研究者感兴趣的其他事，如教学计划、课程、学校事件等，都是教师自身实践着的，教师可以随时收集研究所需要的资料，这是其他研究不具备的优势。而个案研究所使用的方法，如访谈法、观察法、调查法等，对大多数中小学教师来说并不陌生也不复杂，在日常教学工作中经常用到，个案研究的这些实践性和便于操作的特点，能够增加一线教师从事研究的主动性和自信心。

（3）个案研究对教师的专业成长具有积极的促进作用

个案研究能够促进教师进行自我反思，教师的自我反思有助于教师的专业成长。教师在确定了研究问题后，需要对研究个案进行长时间深入细致的跟踪调查，不断追寻问题的症结所在，这就迫使教师必须经常追问自己“是什么”“为什么”“怎么样”等问题。这种不断自我反思的过程，能够帮助教师朝着专业化方向迈进。个案研究还能够加深教师对教育理论的理解，教师可以选取典型事例写成案例，通过案例的形式学习运用理论，有效地把理论学习与教学实践紧密结合起来，使教育理论能落实到实践中并指导实践，使案例成为沟通理论与实践的桥梁。个案研究促使教师对遇到的问题进行不断思考，进而在总结经验和教训的基础上归纳出具有教育规律性的东西，从而深化对教育理论的理解。

3. 个案研究的步骤

(1) 形成研究问题，选择研究个案

无论什么样的研究，确定所要研究的问题和选择合适的研究对象是进行研究的起点。研究者在一开始就要确定所要研究的问题。一般来说，进行个案研究的问题应该满足三个条件：第一，问题要与当前在真实环境中发生的事件和行为有关；第二，我们对此类问题几乎没有控制能力；第三，关于“怎样”和“为什么”等解释性的问题。研究的问题可来自对理论的疑惑与追问、对相关文献的阅读反思，以及自己工作实践中遇到的具体问题。教师所涉及的个案研究，问题大多都来自实践，如学习活动中学生的自信心问题研究、校本课程开发的可行性问题研究等。

确定了问题以后，个案研究一般采用目的性抽样的方法确定个案，即根据研究目的抽取那些能为研究提供最大信息量的样本。此外，研究者还要确定的一个问题是选择单一个案还是多个个案进行研究。通过对多个个案的研究所得出的结论比只对一个个案研究得出的结论更有说服力，但开展多个个案研究需要投入大量的资源和时间，需要研究者根据研究问题与理论假设斟酌而定。以“对校本课程实施有效性的研究”为例，教师可以选择某一所学校为单独个案对其校本课程的实施状况进行深入细致的分析，假如要探究“有效实施校本课程需要具备哪些条件”，就可以选择三四个实施校本课程成功或不成功的学校进行研究。

(2) 收集个案资料和数据

对个案资料和数据的收集可以分成两个阶段。第一阶段，可以通过文献检索的方法收集与个案相关的各种资料，如相关的研究论文、研究报告、官方文件、个案所处的社会背景与环境等，从而为实地阶段的研究做好充分的准备。第二阶段，进入现场对个案进行全面深入的考察。此阶段对个案研究来说，并没有什么专有的收集资料的方法，而是多种方法兼收并蓄。只要是有利于自己发现问题、解释问题的方法，都可以进入个案研究。一般用得比较多的是观察法、访谈法和实物分析法，有时也运用填调查表、面试或测查等方法。

① 观察法

透过观察，可以取得一些相关行为及环境条件的信息。研究者可以对个案所处的学校环境、社区环境、家庭背景等进行描述记录。同时，进入现场前，研究者要设计观察提纲，确定观察的内容、事件行为以及观察时间，可以进行观察的全程式的描述记录，也可以仅对发生的事件或行为进行记录。

② 访谈法

因为大部分的个案研究都和人有关，因此访谈就成为个案研究资料的基本来源。通过访谈可以获得那些我们不能直接观察到的信息，如想法、态度、愿望、经验或那些已经发生的事件等，从而达到对个案现状与缘起的深入了解与分析。通常采用半结构式访谈，即访谈前设计访谈问题，访谈中灵活运用，不生搬硬套。

③ 实物分析法

实物是在自然情境下生产出来的产品，可以提供有关被研究者言行的背景知识。实物包括用各种方法记录下来的官方类和个人类的资料或图片，如报刊、档案、统计资料、影视资料、单位的各种记录、教师的备课笔记，以及私人保存的资料（如书信、日记、家庭记录、照片等）。对于这些资料，由于研究者的直接干预较少，往往更加真实、可信，可以印证和补充观察、访谈的内容，且对研究过程不产生任何干扰。其不足在于它并不是为做研究而特别准备的材料，因此缺乏研究数据所需要的详尽性和针对性。

在资料收集的过程中应遵循三个原则。一是资料来源要广泛，即要用多种方法、从多种角度、按不同来源收集资料，这样可使研究者对资料进行三角互证。如对某学生厌学原因的研究，资料收集可以用观察、访谈、实物分析（如该生的日记、教师的记录等）等多种方法，也可对该生、老师、同学、家长等进行访谈，探究其厌学的真正原因。二是建立个案研究数据库，包括研究者的笔记、文件、访谈、观察的原始记录、基于调查形成的表格、档案等。三是建立证据链，跟随相关资料的引导，从最初的研究问题，一直追踪到最后的结论。

（3）整理、分析个案资料

在研究过程中，个案资料的整理和分析事实上和资料的收集工作是同步进行的。研究者要对收集的资料进行整理分析，然后根据分析的结果及时调整研究问题和方法，再进行资料收集和整理分析。这是一个循环往复、逐步深入的过程。首先，在离开访谈和观察的现场后，研究者应第一时间对访谈稿件和观察记录等资料进行整理。收集到的资料往往是混乱的，有些资料是无用的，研究者必须一遍一遍阅读收集到的资料，剔除无用的资料，归类有用的资料，确定对个案发展有突出作用的某些因素，从而对个案做出正确的诊断，根据分析的结果及时调整研究问题和方法。分析资料的过程，也是对资料进行整理、简化和不断抽象的过程。其次，在整理分析资料时，呈现个案特征的材料应力求客观。

对资料的分析是个案研究的一个难点。面对大量的资料，教师往往不知如何下手。专家建议，在收集资料时就应注意缩小研究的范围，不要试图去研究所有的东西；在一般的研究问题上提出更为具体的有助于分析资料的问题；及时写下对观察内容的分析，促进批判性思维的形成；在研究过程中经常写一些感受、启发、反思之类的小文章，作为研究个案的素材。

在集中分析资料时，要做到以下几点。第一，给每一份资料编号，建立一个编号系统。第二，认真阅读原始资料，熟悉资料的内容，仔细琢磨其中的意义和相互关系。第三，在资料中寻找被研究者经常使用的概念以及带有强烈感情色彩的概念，将其作为关键词进行记录。第四，按照编码系统将相同或相近的资料混合在一起，将相异的资料区别开来，找到资料之间的关系。第五，将资料进一步浓缩，找到资料中的主题或故事线，在它们之间建立起必要的关系，并做出初步的结论。也就是说，在资料分析过程中，要有意识地去发现资料的模式（有规律的东西）和主题，对资料进行分类，要注意同类合并（把看起来相似的东西归在一起）、细节归类（某一细节是否可归入更大的类别中）、变量之间的关系（对概念或变量之间的关系进行推测）。

附

“初中物理教学目标制订策略的研究”开题报告

王云山

一、引言

教学目标是教师进行教学活动的指南，是教学的出发点与归宿，它能为学生的学习指明方向。如果没有明确的教学目标，师生双方就会像在黑暗中走路一样，只能摸索着前进，其结果将是事倍功半。教学目标是教育测验和评价的科学依据。依照教学目标编制各种测验，可以在很大程度上改变教育测量和评价的盲目性，从而保证测量的准确性；可以大大提高评价的客观性和有效性，从而有助于改进教学，大面积提高教学质量。

为贯彻《国务院关于基础教育改革与发展的决定》（国发［2001］21号），教育部在2001年7月颁布了《基础教育课程改革纲要》(试行)，要求“改变课程过于注重知识传授的倾向，强调形成积极主动的学习态度，使获得基础知识与基本技能的过程同时成为学会学习和形成正确价值观的过程”。同时指出，“国家课程标准是教材编写、教学、评估和考试命题的依据，是国家管理和评价课程的基础。应体现国家对不同阶段的学生在知识与技能、过程与方法、情感态度与价值观等方面的基本要求”。

物理作为基础教育领域的重要学科，教育部颁布的初、高中物理课程标准都制订了知识与技能、过程与方法、情感态度与价值观三个维度的目标。

山东省自2001年9月开始初中新一轮课改工作以来，已有十几年时间。但对各种教学比赛和评选中提交的教学设计进行分析，就会发现在教学目标的设计与表述中，在行为主体、行为对象、行为动词与目标的维度等方面仍然存在不少问题。因此，研究物理教学目标的制订问题对物理教学具有重要意义。

本研究的目的是希望通过对初中物理教学目标制订策略的探讨，找出初中物理课时教学目标的设计策略，以期为广大初中物理教师在教学目标的制订方面提供帮助。

二、国内外关于教学目标制订的已有研究

1. 国外关于教学目标制订的已有研究

国外对教学目标的研究大约从20世纪初开始，到20世纪50年代掀起研究的高潮，至今方兴未艾。研究的侧重点是教学目标的分类和表述理论的研究。其中，关于教学目标表述理论的研究，可分为行为目标陈述法、内部过程与外显行为相结合的目标陈述法和表现性目标陈述法三类。

(1) 泰勒的研究

为行为目标的发展打下了坚实基础的人是泰勒。泰勒批评了三种常用的目标陈述方式：一是把目标作为教师要做的事情来陈述；二是列举一门或几门课程所要涉及的课题、概念或其他内容要素，但没有具体指明面对这些要素，希望学生做些什么；三是采取概括化的行为方式，但不能具体地指明运用这种行为的生活领域或内容。泰勒指出，教育目标既要指出学生需要养成某些社会期望的行为，又要指出这些行为能在社会和生活领域中被接受和应用，即教学目标实际上包括“行为”和“内容”两个方面。另外，泰勒还克服了把课程与教学目标无限具体化的局限，主张在教学目标的概括化与具体化之间找到一个“度”，认为“目标应该是清楚的，但不一定是具体的”。泰勒的这一主张对行为目标的健康发展具有重要的指导意义，并为其进一步发展指明了方向。

(2) 布卢姆、克拉斯沃尔等人的研究

美国著名教育学家、心理学家布卢姆、克拉斯沃尔等人继承并发展了泰勒的“行为目标”理念。他们借用生物学中“分类学”的概念，第一次在教育领域确立起“教育目标分类学”。布卢姆在《教育目标分类学》中，首次把分类学的理论运用于教学领域。

(3) 梅杰、波法姆等人的研究

20 世纪 70 年代，美国著名教育学者梅杰、波法姆等人总结并发展了前人的“行为目标”理念，领导发动了“行为目标运动”。梅杰认为，如果这样陈述目标：“学生将学会正确使用逗号”，这就不是行为目标，因为该目标没有预先具体化的、可观察的、最终的行为。真正的行为目标应这样表达：“学生将通过陈述来证明已掌握了五项逗号规则的知识（具体说出有哪五项规则），并能在逗号被删除的句子中正确插入逗号。”

(4) 加涅的研究

加涅继承和发展了梅杰等人的研究。他提出，在一个完整的教学目标的陈述中，应当含有以下五个方面：行为产生的情境；习得的性能动词；行动动词；学习的对象；工具和限制条件。他把上述五个方面称为制订教学目标时应遵循的惯例或常规，并进一步指出在陈述教学目标时还应对学生获得的能力做出描述，即还应增加一个能够描述能力类型的能力动词，因为行为动词本身并不传达这一行动属于何种能力类型。

（5）格朗伦的内部过程与外显行为相结合的折中表述方法

格朗伦认为，为了能间接地测量并观察，理解、创造、欣赏、热爱、尊重等内在心理变化，需要列举反映这些内在变化的行为样品，使这个目标具体化。于是，他提出采用内部过程与外显行为相结合的方法来陈述目标，即折中表述法。这种方法强调，目标表述不能忽视情意领域目标和其他领域的高层次目标。也就是说，目标的陈述分两个层次：第一个层次是心理内部过程；第二个层次是为了说明内部过程而表述的可观察、可测量的心理外显行为。两者相结合的表述方法，既保留了行为目标表述的优点，又避免了行为目标只顾及具体行为变化而忽视内在心理变化的缺点。所以这种表述方法受到很多人的青睐。它既适合认知目标的表述，也适合情感目标的表述。

（6）艾斯纳表意目标的表述方法

艾斯纳曾经论述：“在表意的理念中，教师希望提供一个情景，学生由此获得其私人的意义。而学生在此情景生产的成品，不论是理论的或品质的，都会因人而异。结果，这种情景中的评价工作不可应用共同的标准于各种成品之上，而应促进个人反省那些成品，显示产品的特性和重要性……”所以，表意的目标着眼于形成可能的种种创造性反应，而且此种反应是因人而异的。因此，表意目标不能采用行为目标的方式表述。

表意目标的表述，重点不在学生从事教育活动后应该展示的行为结果，而在确立学生所经历的情景。比如，解释“失乐园”的意义；访问动物园，讨论其中的趣味。

从中可以看出，这种表述方法只是指出学生工作的项目或问题，但学生的学习结果如何并未指定。

2. 国内关于教学目标制订的已有研究

我国对教学目标的研究始于20世纪80年代，经过了借鉴、发展和创新三个发展阶段，于21世纪初提出了贴近我国教学实际的知识与技能、过程与方法、情感态度与价值观三维一体的教学目标体系。这一目标体系仍然处于发展完善阶段，国内大量学者进行了跟进性研究，仅在教学目标的制订方面，就从制订的原则、策略、步骤和陈述方法等不同侧面，进行了大量的研究。

(1) 关于教学目标制订原则和制订策略的研究

以靳玉乐、胡志金等为代表的一些学者对教学目标的制订原则提出了自己的观点。其中靳玉乐、胡志金提出了四项原则。① 规范化：扣准教学目标的含义；② 科学化：突出教学目标的特征；③ 功能化：体现教学目标的作用；④ 技术化：明确操作掌握的方法。这四项原则具有一般性的指导意义。

而其他学者的观点，既有重合，又有叠加，均对教学目标的制订具有一定指导作用。不过，原则是一般性的、抽象的，操作性较差。因此，不少学者、专家针对教学目标的制订问题，进一步提出了一系列策略。

例如，周立群从目标功能的实现这一角度提出了抽象目标与具体目标相结合、即时目标和延时目标相结合、预设性目标与生成性目标相结合、共同性目标与个性化目标相结合等策略。而王艳喜、杨志平则从教学目标的陈述方法这一角度提出了行为目标陈述策略、内部过程与外显行为相结合的目标陈述策略和表现性目标陈述策略等。这些观点，对本文有一定参考价值。

(2) 关于教学目标制订有效性的研究

也有学者采用模糊处理的方法，既不提“原则”，也不提“策略”，而是以“目标设计、陈述中应注意的问题”或“课时目标设计与陈述的要求”等面目出现，对教学目标制订的有效性进行了理论研究。

田宝、赵志航指出，有效目标的设计应符合以下几点要求：① 目标行为与目标导向行为相支持；② 短期目标和长期目标相结合；③ 确定行为目标，而不是结果目标；④ 确定具有挑战性的目标，而非轻而易举取得的目标；⑤ 设置现实、具体的目标，切忌制订非现实、笼统的目标。

王延玲、吕宪军认为教学目标的设计应注意以下几个问题：① 教学目标的设计应以课程目标为依据；② 不能以课程内容标准代替教学目标，课程内容标准是课程目标的具体化，但它不是详细的教学目标；③ 教学目标的设计必须符合学生的实际水平和学习规律；④ 每节课的目标设计应重点突出；⑤ 注意教学目标的层次性；⑥ 注意教学目标设计与实施目标的关系；⑦ 各章节教学目标应互相协调。

这些研究，具有更大的灵活性，能够将作者的观点表达得更明确。对本文也有一定的借鉴意义。

(3) 高中物理实验教学目标制订的研究

靳建设对高中物理实验教学目标制订做了比较系统的研究。

① 高中物理实验教学目标分类结构研究

靳建设提出了高中物理实验教学目标分类结构（如下图所示）。

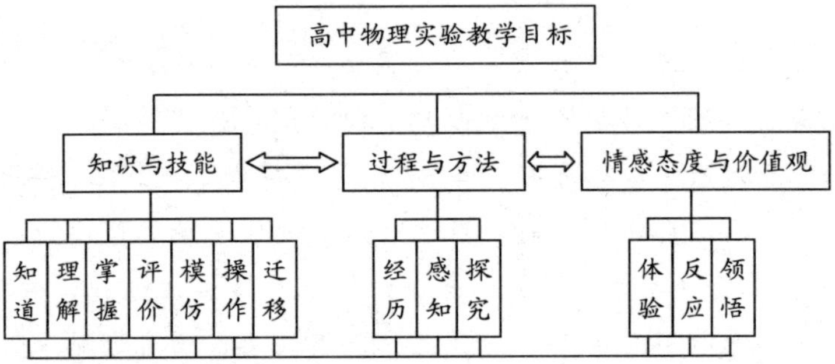

其与《普通高中物理课程标准》（实验）中三维教学目标体系相比，有明显的不同。

靳建设将知识与技能目标划分为知道、理解、掌握、评价、模仿、操作、迁移七个层次，将过程与方法目标划分为经历、感知、探究三个层次，将情感态度与价值观目标划分为体验、反应和领悟三个层次。在此基础上，他还一一解读了他所确定的不同层次。其中不乏创新，如将技能目标划分为模仿、操作、迁移三个层次，就很有启发性。《普通高中物理课程标准》（实验）中对技能目标只有独立操作一个层次，但要达到这个要求，并不是一蹴而就的，必须经过模仿、操作、迁移三个层次。但情感态度与价值观目标是否该划分出“体验”层次还有待探讨，以及同《普通高中物理课程标准》（实验）中所给的行为动词相比较，其取舍的标准很模糊。

② 高中物理实验教学目标设计的一般程式研究

靳建设指出，在编写具体的教学目标时，教学目标的设计应建立在对教学内容的分析、学生认知水平的分析和教学媒体条件的分析基础之上，只有这样才能制订科学、合理的教学目标。为此他提出了教学目标设计的三步程式（如下图所示）。

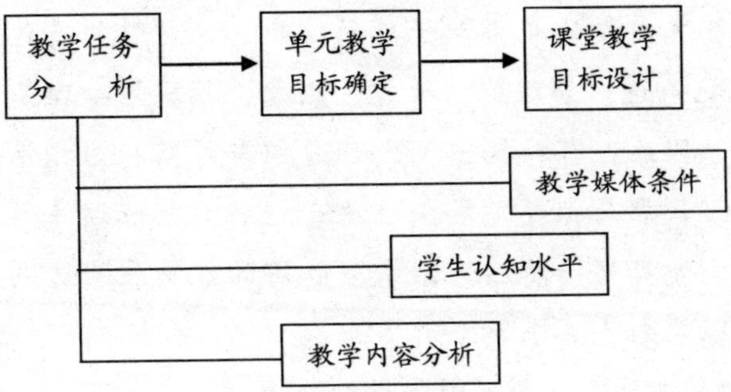

教学目标设计的三步程式

（4）初中物理教学目标陈述方法的研究

张军朋、张生太、黄甫全、徐英俊、肖帮裕、黄莉敏、冯朝阳、阎蔚、高艳等人均对教学目标的陈述方法做了研究，概括起来，共有三种：行为目标陈述法、内部过程与外显行为相结合的目标陈述法和表现性目标陈述法。其中前两种方法适应于知识与技能目标，研究比较成熟。

① 行为目标的 ABCD 陈述法

对于行为目标的表述，比较流行的是 ABCD 目标陈述法。

ABCD 指的是具体课程教学目标中应包含的四个要素，ABCD 是四个要素的英语单词首字母，它们的含义分别是：

A 即 Audience，意指“学习者”。要有明确的学习者，他是目标表述句中的主语。

B 即 Behavior，意为“行为”。要说明通过学习后，学习者应能做什么，是目标表述句中的谓语和宾语。

C 即 Conditions，意为“条件”。要说明上述行为在什么条件下产生，是目标表述句中的状语。

D 即 Degree，意为“程度”。要明确上述行为的标准。

例如，<u>在热胀冷缩实验中</u>（条件），<u>每个实验小组</u>（学习者）<u>要通过正确的实验操作</u>（程度），<u>填写实验报告</u>（行为）。

② 内部过程与外显行为相结合的目标陈述法

用 ABCD 法编写行为目标，虽然克服了目标表述的模糊性，但此法只强调行为结果，忽视心理过程。因此，可能导致人们只注意学习者的外在行为变化，忽视其内在的能力和情感的变化。况且目前有许多心理过程无法行为化，也就是说，如理解、欣赏、热爱、尊重等心理是不能直接进行观察和测量的。因此，有人提出了内部过程与外显行为相结合的目标陈述法，其中的典型代表是张军朋和张生太。这种目标陈述法具体地说，就是先陈述一般的教学目标，然后列出希望取得的能够表明达到了目标的具体行为的实例，以此来弄清每个目标。

例如，“机械效率”一课的教学目标如下。

知道有用功、额外功和总功的定义。

用自己的语言表述机械效率的定义。

能区别功率与机械效率的异同。

从上述例证中可以看出，我们只能用某几个样本来代表学生对概念的理解。也就是说，一般教学目标下的几种行为只不过是代表“理解”的种种表现的例证。我们也可以列举下列几种行为来代替上面提到的具体行为。

例如，“机械效率”一课教学目标的另一种表述如下。

用具体的实例来说明什么是有用功、额外功和总功。

会用机械效率的知识进行简单的计算。

对生活中的一些机械，能提出提高其机械效率的合理化建议。

上述改变，教学目标仍然是对机械效率的理解，只是通过列举种种实例来说明“机械效率”指的是什么？也就是说，我们列出的，只是我们认为可以作为教学目标已经达到的程度的证据的样本而已，要列出所有的可用来表示“理解”的种种具体行为是不可能的。应该注意的是，教学不应该只集中在列出的特殊样本上，而应该集中在有代表性的行为样本上。这一观点，为一线教师优化教学设计指明了方向。

3. 国内关于教学目标制订的已有研究中存在的问题

已有研究提出的理论，均是学者们智慧的结晶，有着不同层面的借鉴意义。但是，这些研究多数集中在对知识与技能目标的制订上，而针对过程与方法目标、情感态度与价值观目标制订方面的研究比较少。另外，这些观点仍然比较笼统、抽象，可操作性较差。因此，不少学者又针对教学目标的设计步骤和陈述方法等更具体的问题进行了研究。

于爱华、王延玲和吕宪军等均对教学目标的制订程序做了研究。这些研究均强调要注意确定目标的类型、层次，以及行为动词的选择等，但对具体的过程与方法目标、情感态度与价值观目标应如何制订，则没有明确的说法。

在陈述教学目标的三种方法中，行为目标陈述法、内部过程与外显行为相结合的目标陈述法研究的成果比较多，表现性目标陈述法的研究比较少。

当然，也有不少学者对过程与方法目标做了研究，但这些研究均集中在如何理解“过程”，怎样在教学过程中实现过程与方法目标等方面，而对如何陈述过程与方法目标研究较少，有关情感态度与价值观目标的研究也大致如此。

综合上述分析可以看出，国外学者研究的领域，主要集中在理论方面，而国内研究则要细致得多。从纵向上看，由比较抽象的制订原则，一直延伸到制订程序和陈述方法；从横向上看，则具体到基础教育的各门学科。不过，关于教学目标制订的研究，仍存在以下几点不足。

(1) 借鉴国外成功经验多，符合中国国情的研究较少。比较明显的是，对国外的ABCD陈述法和格朗伦折中表述法在三维目标中的知识与技能目标的制订方面，借鉴很成功。但对过程与方法目标和情感态度与价值观目标的研究，尤其是制订方面，则鲜见突破。

(2) 学科教学目标研究发展不均衡。有关初中物理教学目标的研究明显偏少。

(3) 比较抽象的理论研究较多、较成熟，而具体的可行性较高的操作层面的研究较少。例如，初中物理教学目标中的过程与方法目标应怎样制订？如何将“能力”体现在初中物理目标设计中？是否只有寥寥几个可以用来描述过程与方法目标的行为动词等研究还无人涉足。

三、研究初中物理教学目标制订策略的理论基础

1. 教学目标分类体系

为了把教学目标落实到具体的教学活动中，教学设计时要求把教学目标具体化。这样做，有利于把抽象的规定分解为具体的教学目标，防止把传授知识作为教学的唯一目标；可以控制教学活动达到的结果与规定的目标背道而驰的情况；可以对教师的教和学生的学在达成度上做出质与量的

规定；可以使教师有根据地开展教学活动，也便于教师对教学做出可靠的检查和评价。

所以，教学目标一般是以系统的形式存在的，不同层次和水平的教学目标构成了一个完整的教学目标体系。因此，教学目标是由一系列有递进关系的目标所构成的一个目标体系。

教学目标的体系如下图所示。

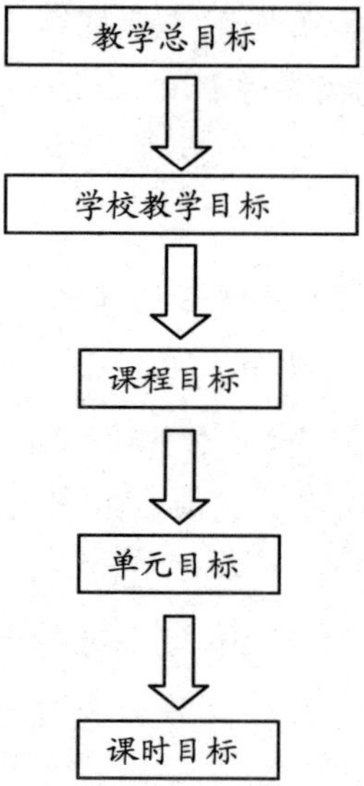

教学总目标是指对各级各类学校具有普遍指导意义的共同性目标，学校据此确定教学目标。

学校教学目标是指各级各类学校根据各自的具体任务和特点所制订的目标，它是教学总目标的具体化。

课程目标是指各门学科的教学目标，即各门学科的教学所要达到的最终结果，它是学校教学目标的具体化。

单元目标是指一门学科中，根据教学内容所划分的若干个单位的教学目标，即对单元教学的具体要求，不同学科可划分为不同的单元，它是课程目标的具体化。

课时目标是指一节课的教学目标，即一节课所要达到的结果，一节课可划分为若干个教学目标，也有一个教学目标需要几节课才能完成的情况，它是单元目标的具体化。

2. 教学目标分类理论

(1) 布卢姆等人的教学目标分类理论

布卢姆等人受行为主义和认知心理学的影响，将教学目标分为认知、情感和动作技能三个领域。每个领域内，又细分为若干层次，这些层次具有阶梯关系。

① 认知领域的目标分类

布卢姆等人把认知领域的教学目标从低级到高级共分为识记、领会、运用、分析、综合、评价六个层次。

② 情感领域的目标分类

情感是对外界刺激做出的否定或肯定的心理反应，如喜欢、厌恶等。个体的情感影响着其行为。克拉斯沃尔、布卢姆等在出版《教育目标分类学（第二分册　情感领域)》中，将人的情感教学目标分为接受、反应、评价、组织与个性化五个层次。

③ 动作技能领域的目标分类

在认知领域和情感领域目标分类学的影响下，动作技能领域目标分类学在 20 世纪 70 年代开始出现，其中比较著名的是哈罗和辛普森所做的分类。他们将动作技能领域的目标分为知觉、准备、反应、自动化、复杂的外显反应、适应与创新七个层次。

布卢姆等人的教学目标分类具有以下六个方面的特点：以学生外显的行为作为教学目标分类的统一基点；以行为的复杂程度作为划分教学目标的依据；具有连续性；具有累积性；具有层次性；具有超越性。

不过，布卢姆等人的教学目标分类学也存在如下缺点。第一，把教学目标分为认知、情感、动作技能三个领域，这似乎是人为的。第二，目标分类并未充分贯彻逻辑一致性原则。第三，各行为目标之间，以及行为目标与亚类行为目标之间的界限不十分明确。第四，布卢姆等人认为教学目标分类学具有层级结构，这有待商榷。第五，教学目标分类学的超学科性也受到了认知科学的挑战。这些缺点在一定程度上为教学目标分类学的未来发展提供了思路。

(2) 加涅的教学目标分类理论

与布卢姆同时代的美国著名教育心理学家加涅抛开布卢姆等人的教学

目标分类框架，提出了五类教学目标，它们是言语信息、智慧技能、认知策略、运动技能、态度。

言语信息，是指一种陈述观念的习得能力。根据言语信息的复杂程度又可分为符号或名称、单一命题或事实、各种命题和事实的聚合体三个层次。

智慧技能，是指学生运用概念、符号与环境相互作用的能力。从简单到复杂又分五个层次：辨别、具体概念、定义性概念、规则、高级规则（问题解决）。

认知策略，是学习者用来指导自己注意学习、记忆和思维的能力。

动作技能，是学习者在各种情境中从事动作活动时表现出来的技能。

态度，是一种影响和调节个人行动的心理状态。

而且，加涅还为早先提出的五种智慧技能亚类及其余四类能力，总结了一些标准动词（见下表）。

描述人的能力的若干标准动词及含有两类动词的目标举例

能力	能力动词	例证
1. 言语信息	陈述	用口头语言陈述1932年美国总统选举中的主要争议
2. 智慧技能		
(1) 辨别	辨别	经比较能辨别法语中的u和ou
(2) 具体概念	鉴定	说出名称来鉴定植物的根、叶、茎
(3) 定义性概念	分类	参照定义对“家庭”这一概念归类
(4) 规则	证明	解答应用题，证明会做正负数的加法
(5) 高级规则（问题解决）	形成	综合适当的规则形成描述一个人在担忧情境中的行为短文
3. 认知策略	采取	采取想象美国地图的策略，列出回忆起的各州
4. 动作技能	执行	将汽车退到公路上
5. 态度	选择	选择打高尔夫球为消遣

使用这些动词的优点是可对五类学习结果做出明确的分辨，这样，预期的学习结果不仅可以清晰地与别人交流，而且使教学设计者在开始制订

教学目标时，就已对与这些学习结果类型相适宜的学习条件有了清醒的认识。

加涅的教学目标分类理论以能力倾向作为教学目标分类的统一基点，主要依据习得各种能力所需的学习条件之间的异同，得出教学目标分类体系，所以具有超越性。

加涅的教学目标分类理论是为改进教学设计而构建的，这与布卢姆的教学目标分类理论的出发点是为教育评价服务的有明显的不同。加涅从另一角度设立的教学目标分类体系，起到布卢姆的理论所不能起的作用。因此，他的理论一直是被广为引用的分类理论之一。加涅教学目标分类理论的主要缺点是整体上缺乏分类学的连续性、层次性和累积性，有些类别难以测量和评价。

3. 建构主义理论

建构主义是认知主义的进一步发展，当今的建构主义是在皮亚杰、维果斯基、布鲁纳等教育家思想的基础上的综合与发展。建构主义认为，对于客观世界的理解和赋予意义是由每个人自己决定的，学习是学习者主动地建构内部心理表征的过程。意义建构不仅包括结构性的知识，还包括大量的非结构性的经验背景。对新信息的理解是通过运用已有经验，超越所提供的新信息建构而成的，建构一方面是对新信息意义的建构，同时又包含着对原有经验的改造和重组。

也就是说，学生不是被动的接受者和知识灌输的对象，而是学习活动的积极参与者和信息加工的主体，是知识意义的主动建构者，居于主体地位。面对复杂的近似真实或真实的问题情境，学生会主动收集和分析有关的信息资料，在对所学问题提出各种假设并在努力验证这些假设的过程中，将当前的学习内容与自己已有的知识内容联系起来，并针对这种联系进行认真思考，即主动用探索法和发现法去建构知识的意义。

另外，由于事物的复杂多样性，学习情感存在一定的特殊性，个人的先前经验也存在独特性，每个学习者对事物意义的建构将是不同的。所以，在建构知识的过程中，必须与他人磋商并达成一致，以不断调整和修正自己的认识，通过学习者之间的合作，可以使理解更加丰富和全面。所以，建构主义学习理论，反对知识的确定性和普遍性，提倡在真实情境中建构知识的意义，力主使学习者的学习从实践活动开始，而反对对间接经验的学习。

这就为物理学科教学目标为什么要强调知识与技能、过程与方法、情感态度与价值观三维目标并重提供了理论依据，为三维目标的制订奠定了理论基础。

4. 有意义学习理论

有意义学习理论，是由认知主义学派的杰出代表、美国著名心理学家奥苏贝尔提出的。他指出，意义学习的两个先决条件是学生表现出一种在新学内容与自己已有知识之间建立联系的倾向，学习内容能够与学生已有的知识结构联系起来。因此，影响课堂教学中意义学习的主要因素是学生的已有认知结构。要想促进新知识的学习，首先要增强学生对认知结构中与新知识有关的概念的理解，于是，他提出意义学习的心理机制是同化。他认为，学生能否习得新知识，主要取决于他们的认知结构中已有的有关概念；意义学习是通过新知识与学生认知结构中已有的有关概念的相互作用才得以发生的。由于这种相互作用的结果，导致了新旧知识的意义同化。教学目标的设计，必须注意知识与技能、过程与方法，情感态度与价值观的关系，也就是说，必须遵守奥苏贝尔的有意义学习理论。

四、研究方法与研究内容

1. 研究方法

本文采用了文献研究法、调查法、行为研究法和比较研究法。

(1) 文献研究法

通过查阅大量资料，了解教学目标的研究动态，借鉴国内外关于教学目标的研究成果，从而奠定了教学目标设计研究的理论基础。

其中，一个重要的资料来源是对山东省优质课评比获得一等奖和二等奖的初中物理教学设计、中学物理教学刊物、教学辅助用书，以及学校教师的大量教案中的教学目标设计进行的分析、研究。

(2) 调查法

为了解一线物理教师对教学目标的设计和表述的理解，以及教学目标在实际教学过程中的实现状况，将在青岛市的十几所中学中进行一次有关对物理教学目标设计和表述的理解以及教学目标在实际教学过程中的实现状况的问卷调查，为本文的研究收集第一手资料。

(3) 行为研究法

充分利用自身的便利条件深入初中物理课堂听课，研究教师的教学过程和学生的学习过程，观察教学目标的落实情况，以对研究结果进行验证与修正。

(4) 比较研究法

计划在力所能及的范围内进行比较性实验，如把一个经过精确设计的教学目标和一个不全面的、大而笼统的同一课时的教学目标交给两位年轻的物理教师，由他们据此进行教学，然后通过对比他们设计的教案和教学效果，比较这两种不同的教学目标设计对整个教学设计、教学过程、教学效果的不同影响。

2. 研究内容

本课题的研究，着重从以下几个方面进行。

① 调查了解在目前初中物理教学目标的设计中普遍存在的问题。

② 分析导致初中物理教学目标设计中普遍存在的问题的原因。

③ 研究制订初中物理教学目标的依据。

④ 研究设计初中物理教学目标的策略。

⑤ 总结初中物理教学目标设计中应注意哪些问题。

五、已有研究基础、存在问题与解决办法、进度安排

1. 已有研究基础

(1) 笔者从教约20年，有比较丰富的教学经验。对本地区教学目标设计中存在的问题，对教师在实施教学目标过程中存在的困惑，有亲身的体验，而且，对初中物理教材也比较熟悉。自2001年实施新一轮教学改革以来，一直工作在课改第一线，对新课改有比较全面、深入的理解。对青岛市乃至山东省的初中物理教学，有一定的了解。这些均有利于课题的研究。

(2) 笔者对“教学目标的制订”问题一直非常感兴趣。自中小学课程教学目标规定为知识与技能、方法与过程、情感态度与价值观三维目标以来，笔者一直对“三维目标提出的理论依据是什么”“行为动词有哪些”“怎样判断教学目标制订的是否准确”等问题非常感兴趣。浓厚的兴趣是进行课题研究的不竭动力。

(3) 笔者已积累了一定的教学理论知识，并且在初步确定课题后，阅读了大量相关期刊文献、学位论文，以及《课程与教学论》(张华著)、《教学设计》(徐英俊著)、《课程与教学论》(黄甫全主编)、《教育心理学——献给教师的书》(吴庆麟主编)、《备课的变革》(吴亚萍、王芳编著)、《现代教学论基础教程》(余文森、刘家访、洪明主编)、《心理学学习指导》(孙煜明主编)、《教学论——心理学取向》(王小明著) 等书籍。

2. 存在的问题与解决办法

尽管有上述良好的研究基础，但是摆在面前的困难仍然不少。

(1) 有关教学目标的研究，国外从20世纪初就已经开始，而笔者在2008年之前，关于教学目标的相关理论，几乎一无所知。虽然从课题初步立项以后就进行恶补，但受时间和精力所限，不免囫囵吞枣。

(2) 关于教学目标研究的文献非常多，而工作之余的自由支配时间有限。因此，在一定程度上影响到研究。

笔者一定克服困难，完成这一课题。第一，将经常向导师请教，避免走弯路；第二，坚持每天做一点，不管一天的工作有多忙，都让自己坚持做一点，哪怕只是做一点文字录入工作；第三，把一天中精力最好的时间留给课题研究，如坚持每天早上阅读至少半个小时的相关资料；第四，采取多种方式整理收集到的资料，争取保质保量完成课题研究。

3. 进度安排

(1) 确定论文题目后，到2011年6月初，完成课题申请、开题报告的撰写、修改、补充和完善工作。

(2) 2011年6月到10月，进一步查阅相关资料文献，完成课题的理论研究部分。

(3) 2011年11月到2012年4月，完成课题的具体表述策略研究部分。

(4) 2012年4月到5月底，完成课题报告初稿。

(5) 2012年6月到7月底，对课题报告进行修改、完善。

六、论文框架

1 引言

2 国内外关于教学目标制订的已有研究

2.1 国外关于教学目标制订的已有研究

2.1.1 泰勒的研究

2.1.2 布卢姆、克拉斯沃尔等人的研究

2.1.3 梅杰、波法姆等人的研究

2.1.4 加涅的研究

2.1.5 格朗伦的内部过程与外显行为相结合的折中表述方法

2.1.6 艾斯纳表意目标的表述方法

2.2 国内关于教学目标制订的已有研究

2.2.1 关于教学目标制订原则和制订策略的研究

2.2.2 关于教学目标制订有效性的研究

2.2.3 高中物理教学目标制订的研究

2.2.3.1 高中物理实验教学目标分类结构研究

2.2.3.2 高中物理实验教学目标设计的一般程式研究

2.2.4 初中物理教学目标陈述方法的研究

2.2.4.1 行为目标的 ADCD 陈述法

2.2.4.2 内部过程与外显行为相结合的目标陈述法

2.3 国内关于教学目标制订的已有研究中存在的问题

3 研究初中物理教学目标制订策略的理论基础

3.1 教学目标分类体系

3.2 教学目标分类理论

3.2.1 布卢姆等人的教学目标分类理论

3.2.1.1. 认知领域的目标分类

3.2.1.2. 情感领域的目标分类

3.2.1.3. 动作技能领域的目标分类

3.2.2 加涅的教学目标分类理论

3.3 建构主义理论

3.4 有意义学习理论

4 初中物理教学目标制订策略的理论研究
4.1 教学目标的功能
4.1.1 标准功能
4.1.2 激励功能
4.1.3 导向功能
4.2 课程与教学目标的基本来源
4.2.1 学习者的需要
4.2.2 当代社会生活的需求
4.2.3 学科的发展
4.3 课程与教学目标的基本取向
4.3.1 “普遍性目标”取向
4.3.2 “行为目标”取向
4.3.3 “生成性目标”取向
4.3.4 “表现性目标”取向
4.4 制订和表述教学目标应遵循的原则
4.4.1 科学性原则
4.4.2 系统性原则
4.4.3 全面性原则
4.4.4 功能化原则
4.4.5 具体性原则
4.5 教学目标的表述方法
4.6 影响教学目标确定的因素
4.6.1 理论认识的抉择
4.6.1.1 教师对教育价值的选择影响教学目标的确定
4.6.1.2 教师对教学意义的选择影响教学目标的确定
4.6.1.3 教师对学习理论的选择影响教学目标的确定
4.6.2 教材文本的解读
4.6.3 学生状况的分析
5 初中物理教学目标的制订策略
5.1 确保行为主体是学生

5.2 内部过程与外显行为相结合进行表述

5.3 教学目标的表述应该有利于正确区分维度

5.4 教学目标的表述应该突出能力培养的内容

5.5 情感态度与价值观目标的表述情境化

5.6 根据课程标准的要求和学生的实际情况，设计恰当的目标

5.7 教学目标的表述应该点明“行为条件”

6 研究结论与需要进一步研究的问题

参考文献

谢辞

对高中生阅读《红楼梦》价值的探究

学生：李佳　杨艺　张煜珠　蒋凤仪　孙立鑫　张凯

指导老师：付立金

【研究背景】

高中开学的第一节语文课，是让我们难忘的生动的一课。课上，语文老师给我们讲述了有关《红楼梦》的一些情节、故事、影响、价值等……这一课让我们感到既有趣又新奇，让我们燃起了阅读《红楼梦》的兴趣。当然，这也让我们有了一些思考——对于我们这些未曾了解过《红楼梦》，未曾了解过中国传统文化，甚至未曾对古典文学产生过兴趣的“90后”——我们最喜欢的是玩游戏、上网、聊天、逛街……我们不得不承认，我们很少看书。我们认识到我们阅读的匮乏，尤其是对传统文化、古典文学了解的匮乏。传统文化、古典文学是经过了时间洗涤，没有被遗忘的珍宝，而《红楼梦》是其中杰出的代表。毫无疑问，《红楼梦》具有无与伦比的价值，具有跨时代的、广泛（这里不一一列举，后面会有涉及）的意义。从高中生的角度来看，能不能找到《红楼梦》对高中生的价值呢？能不能让《红楼梦》走进高中生，体现它对高中生的价值呢？我们认为，这是值得探究的，因此我们确定了研究课题——对高中生阅读《红楼梦》价值的探究。

【研究目标】

1. 通过调查、研究与查阅资料，了解高中生对《红楼梦》的价值取向，

总结《红楼梦》对高中生的现实意义与价值，并加以宣传和推广。

2. 通过课题研究，提高自身的综合素质。

【研究过程】

这里想谈谈我们以前研究失败的经验。

我们小组起初研究的题目是“《红楼梦》的初探”，刚开始我们并没有认识到研究性学习的重要，也没有意识到题目的重要，现在才发现，这个题目原来是不合适的。因为《红楼梦》是一部伟大的著作，有多少文学家倾注了其一生的精力去研究它都没研究透彻，所以对《红楼梦》单纯的探究并不是我们能研究的，因此说“初探”就更没什么意义了。我们之前的研究没有明确的目标，这是万万不可以的。

我们以前的分工和计划如下。

我们将六人小组分为二人一组，分组调查不同的内容。

其中，杨艺和孙立鑫研究《红楼梦》中的人物关系和作者背景，张煜珠和蒋凤仪调查周围人群对《红楼梦》的了解程度，并研究《红楼梦》中的理财智慧，李佳和张凯研究《红楼梦》中的诗词和医学。

1. 在研究《红楼梦》中人物关系和作者背景时，我们准备分头收集资料，一个人去图书馆，一个人在网上收集，这样收集的资料会比较全面。负责人：孙立鑫（图书馆）、杨艺（上网）。

2. 我们准备进行调查，调查人数为100人，调查内容是市民对《红楼梦》的了解程度、所喜欢的人物及其原因，以及看完《红楼梦》后的感想。调查以问卷形式展开。调查结束后，去图书馆收集关于《红楼梦》理财智慧的资料，之后再通过网络进一步收集相关资料。负责人：张煜珠、蒋凤仪。

3. 在研究《红楼梦》的诗词和医学时，我们采用上网调查的方式。负责人：李佳、张凯。

这样的研究我认为是不可取的，因为大部分资料都是从网上找到的，不够全面。基于各种原因我们修改了研究的题目。

我认为现在的课题“对高中生阅读《红楼梦》价值的探究”更有针对性，我们的目的就是要挖掘《红楼梦》这部著作对高中生的价值，从而让我们自己，也让其他同学从中学到知识和道理，增长见识，认识到中国传统文化和古典文学的博大精深，从而喜爱上它们，这对我们是很有益处的，因此，我认为这个课题是有价值的。

现在的研究过程如下。

一、立题阶段

1. 杨艺查阅相关资料，撰写、整理报告。

2. 张煜珠进行高中生及其家长对《红楼梦》价值观的调查（制订问卷、分析问卷等）。

3. 蒋凤仪查阅相关资料。

4. 三人一起对语文老师付立金进行采访。

二、实施阶段

1. 读《红楼梦》，对作品进行初步了解

虽然我们的研究并不是像专家那样解读《红楼梦》，但我们认为阅读《红楼梦》是必不可少的，假若没有读过，是不能做好这项研究的，虽然不能了解透彻，但经过这段时间的阅读，我们都爱上了这本书，从中受益颇多，这使我们充满信心，我们相信，将会有更多人爱上它。

2. 制订调查问卷，进行问卷调查

在书城、图书馆等地随机对高中生及其家长进行问卷调查。调查中遇到了一些问题。比如，调查问卷的设计；调查人员、时间的分配；如何正确识别高中生及其家长；如何使别人愿意协助我们的调查。在制作调查问卷的过程中，我们遇到了很多麻烦，起初我们想将普通高中和职业高中进分类，但为了避免学生心理上的差异而影响调查结果，最终没有进行分类。再有就是，选项制订方面的问题。怎样才能使选项更全面？为解决这一问题，我们查阅了大量对于《红楼梦》的正负面评价资料，选项定为3～5项，“其他”项则是让被调查者自行补充。但在问卷调查过程中，真正添写“其他”项的人很少，这在一定程度上造成了结果的偏差。但我们还是克服阻力完成了这一调查。调查问卷如下。

对《红楼梦》的认识调查问卷

（我们将调查人群分成三组：学生组、家长组、教师组）

学生组问卷

(1) 你是高几学生？（　　）

A. 高一　B. 高二　C. 高三

(2) 你读过《红楼梦》吗？(　　)

A. 精读过　B. 读过一点　C. 没有

(3) 你读《红楼梦》的原因有（　　）。

A. 自己喜欢书中情节，贾宝玉和林黛玉的故事令我抓狂

B.《红楼梦》具有很高的文学价值，阅读《红楼梦》对自己有益

C. 老师或同学推荐

D. 其他

(4) 你不读《红楼梦》的原因有（　　）。

A. 学习太累，没时间读

B. 通过初步了解觉得不喜欢《红楼梦》中的故事情节

C. 不喜欢古典文学

(5) 你觉得自己的年龄适合看吗？(　　)

A. 适合。已经具有较成熟的心理，可以较好吸取书中精华

B. 不适合。自己还不够成熟，不能理解书中内容

C. 其他

家长组问卷

(1) 您的孩子读高几？(　　)

A. 高一　B. 高二　C. 高三

(2) 您赞成您的孩子阅读《红楼梦》吗？(　　)

A. 赞成　B. 不赞成　C. 无所谓

(3) 您为什么赞成您的孩子阅读《红楼梦》？(　　) [(2) 题选 A 的家长答]

A.《红楼梦》自身有很高的文学价值

B. 老师推荐

C. 孩子喜欢

(4) 为什么不赞成您的孩子阅读《红楼梦》？(　　) [(3) 题选 B 的家长答]

A.《红楼梦》虽然有很高的文学价值，但其涉及的范围有些是不适合高中生阅读的。比如，爱情、奢侈的消费观……

B. 自己对《红楼梦》不认可

C. 自己孩子不喜欢

(5) 您认为中学生阅读《红楼梦》的价值在于（　　）。

A.《红楼梦》具有很高的文学价值

B. 涉及的方面广，能拓宽孩子的知识面

C. 能帮助孩子提高对社会的认识

(6) 您觉着《红楼梦》的消极方面是（　　）。

A. 在清末被视为禁书，影响不好

B. 复杂的社会背景和人际关系会造成孩子的错误认识

C. 现在孩子还是以学习为重，书中的爱情会影响孩子

由于时间原因，我们对家长的调查并没有全面进行，只是口头访谈了一些家长，多数家长认为阅读《红楼梦》对高中生是有益的。

教师组问卷

制订访谈问卷，对语文老师付立金进行访谈。由于时间问题，我们事先制作好访谈问卷并让付老师看过后才进行采访，这便大大节省了时间。

(1) 您如何评价《红楼梦》?

答：《红楼梦》不仅是一部小说，是当时社会的一个缩影，更是作者对政治、历史及人生等的独特见解及感悟，是一部巨作，是中华民族最具代表性的作品。

(2) 读完《红楼梦》您有什么感受?

答：每读《红楼梦》，都有回肠荡气之感，为人生命运而伤感，为中华博大精深的文化而赞叹。

(3) 作为成年人，对书籍有很好的摄取能力，可以取其精华去其糟粕。成年人对《红楼梦》能很好地吸取精华，那么对不能很好判断精华与糟粕的高中生而言是否应该读《红楼梦》呢？其价值是什么?

答：《红楼梦》当然值得高中生读。对于高中生而言，阅读《红楼梦》具有以下几点价值。增加学生对社会的认识，引导学生树立正确的人生观、价值观，提高学生的文学水平和修养。

(4) 现代社会和当时的社会背景有很大差异，对高中生阅读《红楼梦》有影响吗?

答：之所以成为经典就是因为其不会随社会变化而改变价值。

付老师的回答虽然简练，但为我们之后的调查奠定了基础，提供了更进一步的研究目标，这是不可或缺的。

3. 查阅资料

(1) 作者简介

曹雪芹（约1715～约1763年），名霑，字梦阮，号雪芹。先世原是汉人，明末入满洲籍，属满洲正白旗。曹家与康熙帝关系密切。曹雪芹的祖父曹寅是康熙的书童，曹雪芹的曾祖母则是康熙的奶妈。康熙六下江南，有四次都住在曹府。曹家是江南一带有名的大户人家，府邸富丽堂皇。而曹雪芹在少年时期也曾经历过一段锦衣纨绔的贵族生活，生活在大观园一样的曹府。然而雍正六年（1728年）元宵节前遭到抄家。于是曹雪芹随着全家迁回京师居住。此后，他日日吟诗作画，饮酒听曲，并结识了郭诚、郭敏两兄弟，成为好友。曹雪芹晚年生活更加潦倒，常“举家食粥酒常赊”，过着困顿不堪的贫穷生活，这种由富贵到贫贱的不寻常经历使曹雪芹对人生有了更深刻的认识，同时赋予了他用不同心态去品味人生的能力。这一切都为他的创作提供了丰富的生活素材。

高鹗（1738～约1815年）字云士，号秋甫。祖籍奉天铁岭，属汉军镶黄旗。乾隆六十年（1795年）进士，历官内阁中书，内阁侍读。一般认为，后四十回《红楼梦》是高鹗的续作。

(2)《红楼梦》的价值

首先，《红楼梦》是一部宣扬真善美的作品，从中我们可以看到真挚的爱情、友情和亲情，通过人性冷漠和温情的对比，超脱的美好生活和现实艰难的对比，充分表现了作者对真善美的强烈追求和渴望。当然，这种追求在当时的社会环境很难实现，而且在任何社会都很难真正实现。追求真善美是社会共同的愿望，直到经济快速发展的今天，人们依然在追求，让我们把对物质的掠夺性消费的节奏放慢一点，平心静气、扪心自问，我们到底想要什么样的生活。

《红楼梦》里，姐妹们生活在风景如画的园林，人在画中游，现实的我们离这种生活越来越远，却对自然的亲近之情越发强烈，我们都有着返朴归真的愿望。

我们看到了贾宝玉众生平等的情怀，没有高低贵贱的观念，这也是我们需要弘扬的。

同时，我们也看到了一个个反面典型，如善姐，名为“善”，但实非善良之辈，与平儿的善形成了鲜明对比。

其次，《红楼梦》是一部追求自由的作品。鲜活的人物形象不仅追求爱情的自由，而且追求平等的生活，我们在《红楼梦》里面看到了大胆表达的小红、心高气傲的晴雯。

再次，《红楼梦》中诗词、饮食、建筑、服饰都可以构成单独的艺术门类，供今天有同样爱好的群体欣赏。如今，人们有了更广泛的爱好，20世纪80年代，人人都是文学青年的时代已经过去，现在有了歌曲、舞蹈、歌剧、曲艺等多种休闲方式，不同的人有不同的快乐源泉，但同时存在着一个热衷于舞文弄墨的群体，他们享受着文字带来的乐趣，欣赏着汉语文字的魅力，对于他们来说，《红楼梦》就是一场精神盛宴。

三、结题阶段

问卷调查显示，在我们所调查的学生中，高一学生占36%，高二学生占34%，高三学生占30%。我们共对100人进行了问卷调查，从各年级人数分布来看，可以说是比较均衡的。

调查显示，精读过《红楼梦》的人只有17%，也就是我们所调查的100个人中只有17个人，较少；读过一点的比较多，占43%；没读过的占了40%，这是一个相当大的比例，结合“不读《红楼梦》的原因”来看，主要是因为学习紧张，没有时间读，但我认为这只是借口，真正的原因还应该在于自己主观的“不想读”，这也是推广《红楼梦》的主要阻力。对于读过《红楼梦》的同学而言，“老师或同学的推荐”与“《红楼梦》具有很高的文学价值”是其读看《红楼梦》的主要动力。通过调查我们发现，真正喜欢《红楼梦》中故事情节的学生并不多，但我在“百度贴吧”上发现，“90后”看过《红楼梦》并喜欢《红楼梦》的人并不在少数，不少人对《红楼梦》的评价还是很高的，我认为，这些人才是真正认真读过《红楼梦》的。

正因为有很多高中生并不了解也没有读过《红楼梦》，才使得《红楼梦》更具有推广价值。通过各方面的调查研究，我们总结出，《红楼梦》对高中生来说主要具有认识社会的价值，确立人生观、价值观的价值，提高文学水平和修养的价值。真挚的爱情、友情和亲情，充分表现了作者对真善美的强烈追求和渴望，也带给我们很多启迪，让我们从中学到更好地适应社会的方法。虽然读过《红楼梦》的人很少，但可以看出，《红楼梦》对高中生的价值是不可忽略的，因此，我们认为在课余时间还是应该认真阅读一下这部著作。另外，教师在上课的过程中也可以渗透其中的可学之处，这样一来，有的同学虽然没有读过《红楼梦》，但也能略知一二，从而对《红楼梦》有所了解。这样不也是在拓宽我们高中生的知识面吗？

第八章

渲染生命底色

——传统文化教学思考

几十年来，在我们的幼儿教育、中小学教育中，一直缺乏国学基本知识和传统道德的教育，近十多年虽有所好转，但仍然不太令人满意。就和谐社会的建构与可持续发展而言，幼儿与中小学生的国学教育不容忽视。

第一节　传统文化之思考

一、透过《思维的乐趣》浅谈被曲解的国学

教育理论研究和教育实践表明，国学有传承中华文明、拨正混乱价值观、平息现代人浮躁心理的作用。如果在中学语文教学中渗透国学教育，国学中所包含的人文精神、修身哲学、价值观念，就能够丰富学生的精神世界、提升学生的认识水平、陶冶学生的品格情操。对于国学教学，只能加强，不能削弱。

但是，反对国学、贬低国学的声音也一直不绝于耳，有时还甚嚣尘上。尤其当这些声音出自一些颇有影响力的“大家”之口时，其杀伤力不可小觑。如“大家”王小波对国学的误解。

王小波逝世后，他的《思维的乐趣》由妻子李银河整理出版。这本书体现了王小波对国学的思考，展现了一个时代的价值观和在“打倒孔家店”后国人对国学的看法。李银河曾这样评价《思维的乐趣》：“我常常觉得王小波就像《皇帝的新装》里面那个天真烂漫、嘴无遮拦的孩子，他就在那个无比庄重却又无比滑稽的场合喊了那么一嗓子，于是他与众不同的思想使所有人都吃了一惊，继而露出会心的微笑。”可在我看来，王小波真的就像一个孩子，一个遭遇了无数艰难困苦的孩子，一个在特殊年代影响下曲解国学却童言无忌的孩子。他的《思维的乐趣》洋洋洒洒，我借用李零先生“高屋建瓴”的观点概括之，所言不过是批判国学是“国将不国之学”。

由于五四运动和“文化大革命”造成我国传统文化的两次断代，因此许多像王小波这样的知识分子曲解了国学。王小波在他的书中提出了“国学无用论”的观点。他讲了一个中国皇帝向洋人学习解几何题的故事，他认为这样的人才能和他媲美，因为他做过几何题，“这位皇帝也做过”。而

孔孟程朱、康梁跟我们都所差甚远，因为“他们没有挖空心思去解过一道几何题”。他还说孔子“见贤思齐”的思想令他恐慌，“因为高尚的思想和低下的思想的总和就是我自己，倘若去掉一部分，我是谁就成了问题”。他甚至讥讽孔子是“哲人王”，坦言，无论如何不会将自己的未来交与“哲人王”左右。

王小波对科学和西方思想推崇备至，他眼中的大智者有罗素、牛顿、莎士比亚，因为“他们的思想和著述可以使我们免于痛苦”。还说：“我承认自己很佩服法拉第，因为给我两个线圈一根铁棍子，让我去发现电磁感应，我是发现不出来的。牛顿，特别是爱因斯坦，你都不能不佩服，因为人家想出的东西完全在你的能力之外。这些人有一种惊世骇俗的思索能力，为孔孟所无。按照现代的标准，孔孟所言的‘仁义’啦，‘中庸’啦，虽然是些好话，但似乎都用不着特殊的思维能力就能想出来，琢磨得过了分，还有点肉麻。”

除王小波外，还有很多学者批评中国文化，打击“国学热”。例如，柏杨就说中国人丑陋是因为中国文化的“酱缸”发臭熏的；李零说国学是“国将不国之学”。这些人“举中国数千年礼义人伦、诗书典则，一旦扫地荡尽。此岂独我大清之变，乃开辟以来名教之奇变，我孔子、孟子之所痛哭于九原”。此时我的心情怕只有讨粤匪前的曾文正公可以理解！

清末学者认为，中国要想强大就必须打破传统，要“师夷长技以制夷”；现代人又受西方哲学的影响过甚，所以认为中西文化是矛盾的、不可调和的。其实人们曲解国学的原因无非是觉得那段丧权辱国的近代史是国学落后造成的。但能否把科技、物质是否发达，作为文化先进或落后的标准呢？一个人会赚钱，不一定品德高尚；技术好，不一定思想不保守。这根本不是一个逻辑，硬要穿凿附会，是情绪化的表现。

我认为中国近代史是近代化的历史，我们在不断进步，虽然是西化的历史，但我们不能就此臣服。《周易》曰：“穷大者必失其居，故受之以旅。”我们的传统文化，因几千年来的穷大而不能兼顾人们的某些物质，因此需要外来文明的帮助，但只靠别人的接济是无法立足的。王小波在行文中大量引用罗素之言作为理论依据，这个无可厚非，崇洋可以，但不要媚外。友邦的文化，永远是需要学习的，但在学习时，必须抱有足够的文化自信，这就是钱玄同所说的“顽固”与“自大”。也正如钱穆所说，如自己“心中无主”，外来思想资源的借鉴，也往往不会成功。我们的天是中国的天，地是中国的地，人是中国的人，根本用不着气短。我们学习西方，要以我为主，为我所用才是。

所以在西方的自由民主平等成为普世价值观的今天，在中国的核心价值体系中应注入中国“特色”的成分，不是只有凯恩斯主义才能救国。汉朝初期用老子的“休养生息”发展经济，百姓丰衣足食。我们“拉动消费”，并不是拉动浪费！古人云：“一粥一饭，当思来处不易；半丝半缕，恒念物力维艰”，我们由此可以想到，集约、节约才能实现可持续发展。

西方强调物质，中国强调道德，这并不矛盾。中国人的“自知之明”更是一种“理性的自明”，但这种“理性”，并非纯粹的认知理性，而是一种价值理性。“我”是价值的本体。由自知而自明，由自明而自觉，由自觉而自得，由自得而自主，由自主而自信，由自信而自尊。借用王阳明心学解释：“我的灵明，便是天地鬼神的主宰。天没有我的灵明，谁去仰他高？地没有我的灵明，谁去俯他深？鬼神没有我的灵明，谁去辩他吉凶灾祥？”王小波提出：“一个科学理论，只能说它对不对，不能拿道德来评说。”科学不适用于人类，谈何成功与否？克隆技术再高超，如果它破坏了人伦礼仪，就是不可用的。

许多人认为没必要到孔孟思想中寻找实质性的精神资源，王小波说孔孟思想“要不是大一统的中央帝国拿它有用，恐怕早被人忘掉了”。但就像中学高级教师袁腾飞讲过的，只要你回家叫你父亲“爸爸”，你就是孔孟思想的传人。因为外国人回家可以直接喊“约翰”。你回家也叫“约翰”？那“约翰”还不揍你？

王小波说中国人有迷信的传统，在社会动荡，生活有压力时，简直就是渴望迷信。李零说中国的复古，是因为信仰缺失，就像俄国，乞灵于传统。我同意。当今社会的流弊即国人心中无信仰，没有稳固的精神依靠。事实上，当青年以天下为己任的时候，当他们多考虑国计民生、家国天下时，他们就不会因失恋、落榜而抑郁纠结，他们的心胸就会宽广起来。只有个体心灵博大了，大国才能真正崛起！所以，我们学习传统文化时应保持一颗敬畏之心，甚至把国学升级到宗教的高度，我们的《易经》《道德经》没有一本比《圣经》差。我有些反感《孔子》这部电影，我们现在更多的是要把孔子供起来，而非把他搬下圣坛，轻薄这个形象。但我很支持孔子学院，这就像西方的教堂。我很欣赏周杰伦的中国风歌曲，它有助于国学思想的传播。“烟花易冷，人事易变”，多么美！只有让国人有所信仰，我们的社会才能退却浮华之风，获得和谐发展。

所以，国学绝不是某些人眼中片面的、浅显的“国将不国之学”。相反，要想进步，我们应正视国学，铄古铸今。“研穷义理之精微，辨析古今之同异”，同时要有“推倒一世之智勇，开拓万古之心胸”。从目前中小学的课程设置来看，涉及自然科学的学科较多（数、理、化、生、地），涉及人文学科的相对较少（政、史、语、英），更重要的是，在现行考试制度下涉及人文学科的科目的教学更倾向于一种知识的学习，而对于学生价值观念的形成影响甚小。所以，我们看到中学生甚至国人的信仰有所缺失。因此，让更多的优秀传统文化进入中学课堂已成为一种必须。要发展国学教育，实现国学教育的系统化，就必须加强中小学语文教学中的国学教育。

二、从《了凡四训·立命之学》看儒、佛立命之说

通俗而言，《了凡四训》就是明代袁了凡写给儿子的家训，其中“立命之学”为其晚年总结人生经验、训诫儿子的立命篇，它告诉子孙后人，命运是靠自己创造的，而不是被命数所束缚；“改过之法”告诉子孙后人，从小的过失改过，自然不会犯下大的过错；“积善之方”是让子孙后人多做善事，善事积多了，命运自然也会有所改变；“谦得之效”亦为以前所作的《谦虚利中》篇，讲到待人要谦虚，从中学习，自然会有进步。在我看来，首篇“立命之学”开宗明义，为其晚年所作，其中大量涉及儒佛学说，是其一生思想之总结，更是后三篇“改过”“积善”“谦德”之“体”，而后的阐释，不过是其思想之“用”。因此我就“立命之学”来管中窥豹，尝鼎一脔。

《了凡四训》一书被现世公认为佛学入门经典，以教化众人积德行善为宗旨。其作者袁了凡为万历十四年进士，万历十六年授宝坻知县，万历二十年升任兵部职方司主事，不久调任援朝军营赞划，死后天启三年被追封

为尚宝寺少卿。作者一生力求积极入世，考取功名。亦儒亦佛的思想在这一传奇人物的身上均有体现，这是为什么呢？

袁了凡一生受孔先生与云谷禅师影响最大，二人分别授予了他儒、佛两家思想之精髓。初，袁了凡于慈云寺遇孔先生，得其传授邵雍的《皇极经世》，并受其鼓励而入私塾读书。该书涵盖河洛数理，周易阴阳，天地物理等经天纬地之学，创立了“元、会、运、世”一套有规律的预测法。自此，袁了凡开始陷入为命运所举的无可奈何之中。隆庆三年，袁了凡遇金陵西霞山云谷禅师，得云谷禅师指点大梦初醒，开悟“命自我立，福自我求”之理后，人生得以精进。

要看儒、佛的立命之说，我想应研究以下三个问题：命由谁立，如何来立，立当如何。

儒家经典就“如何立命”，有清晰深刻的解释。子夏曰：“仕而优则学，学而优则仕。”（《论语·子张》）李零先生说汉人后引《论语》，多把弟子语也当孔子言，因此我们可以认为这句即孔子的思想。易中天先生认为，古代士人、君子与庶人、小人之别是士人、君子有自我的人生价值，即“立命之学”中的“命”。如何立命，有子曰：“君子务本，本立而道生。”（《论语·学而》）杨伯峻先生在做《论语译注》时将“务本”翻译为“专心致力于基础工作”，基础树立了，命自然而立。那圣人究竟让我们做好什么基础工作呢？我认为有两样：学与仕。这里我们注意到，“仕而优则学”是放在“学而优则仕”前面的，那要读书为什么首选要做官呢？因为读书是做官的目的，做官是士人的正当职业，俸禄是士人的正当收入。

那又该通过什么渠道实现“为官”呢？科举。

我们层层推理至此，发现儒家教我们的立命之法只能通过科举考试来实现。中国古代，人分四等“士、农、工、商”，实际上中国古代政治制度得以维护和巩固，正是由于这种选拔人才的制度的存在，让人民的身份得以转化。

解决了“如何来立”，我们再来看看“立当如何”。

“古之欲明明德于天下者，先治其国；欲治其国者，先齐其家；欲齐其家者，先修其身；欲修其身者，先正其心；欲正其心者，先诚其意；欲诚其意者，先致其知；致知在格物。”（《大学》）《大学》的作者曾参，上承孔子之道，下启思孟学派，提出“修身、齐家、治国、平天下”，完美阐释了儒家思想“立命当如何”的问题。

《了凡四训》中孔先生为袁了凡“起数”（进行占卜），说他“县考童生，当十四名；府考七十一名，提学考第九名。”“某年考第几名，某年当补廪，某年当贡。贡后某年，当选四川一大尹，在任三年半，即宜告归。五十三岁八月十四日丑时，当终于正寝，惜无子。”孔先生口中所言之命，让袁了凡很是不安。于是他“即要妄想，又无可妄想”。孟子曰：“尽其心者，知其性也。知其性，则知天矣。存其心，养其性，所以事天也。夭寿不贰，修身以俟之，所以立命也。”（《孟子·尽心上》）曾子说“欲明明德于天下者”要格物、致知、诚意、正心、修身、齐家最后做到“平天下”。

至此，“命由谁立”的问题也解决了，即“由圣贤立”。儒家经典中自元圣周公、至圣孔子，一直到亚圣孟子已经为儒生立命，立君子命，立为政命，立报国命。

而佛家学说却与之截然相反。南怀瑾先生说佛是什么？“佛者，觉也。觉个什么？觉悟心性的自体。”佛法教人觉悟自身。但我从何而来，往何处去，为什么生，为何而死，这一切都是儒家解释不了的，子曰：“未知生，焉知死?”（《论语·先进》）儒家教人信念“以天下为己任”，佛家主张“父母未生前”。云谷禅师教导袁了凡“命由我作，福自己求”。佛经《大佛顶首楞严经》中有“我得佛心，证于究竟。能以珍宝种种，供养十方如来，傍及法界六道众生。求妻得妻，求子得子。求三昧得三昧。求长寿得长寿。如是乃至求大涅槃得大涅槃。”

孟子曰：“求则得之，舍则失之，是求有益于得也，求在我者也。”（《孟子·尽心上》）儒家认为追求是一种重要的修养方式。而云谷禅师说：“六祖说，‘一切福田，不离方寸，从心而觅，感无不通。’求在我。”佛家讲无欲无求。《六祖坛经》有言：“菩提只向心觅，何劳向外求玄?”因此袁了凡开悟“命由我立”后，“因将往日之罪，佛前尽情发露，为疏一通。”他用忏悔的方式放下，在佛前立命“誓行善事三千条，以报天地祖宗之德”，并以记“功过格”，持“准提咒”修行。

云谷禅师语袁了凡曰：“符录家有云：‘不会书符，被鬼神笑。’”我认为禅师所指未必是画符，可能是为告诫袁了凡做每件事前先放下，无妄念，用真心，真正做到“先把万缘放下，一尘不起”。“余初号学海，是日改号了凡；盖悟立命之说，而不欲落凡夫窠臼也。”自此，袁了凡改号，“了”是明了、了脱，“凡”是凡夫，即明白了命运可以改造，“数”是可以能够突破之理，“从此而后，终日兢兢。便觉与前不同。前日只是悠悠放任，到此自有战兢惕厉景象，在暗室屋漏中，常恐得罪天地鬼神；遇人憎我毁我，自能恬然容受”。唐代天台山国清寺隐僧寒山与拾得，在《古尊宿语录》中对话，寒山问：“世间谤我、欺我、辱我、笑我、轻我、贱我、恶我、骗我，如何处治乎？”拾得云：“只是忍他、由他、避他、耐他、敬他、不要理他，再待几年你且看他。”这是高僧的境界，凡夫俗子是很难控制心中杂念的，王维诗云：“薄暮空潭曲，安禅制毒龙。”但是了凡居士却能做到积德行善、内行为善，最终完成善事三千又一万，赚得长寿与妻儿。

袁了凡居士在《了凡四训·立命之学》最后告诫儿子：“远思扬祖宗之德，近思盖父母之愆；上思报国之恩，下思造家之福；外思济人之急，内思闲己之邪。”据此，我认为，儒学为处世之学，而佛法才为立命之道。知识改变的不是命运，而是前途；通彻心性才是改变一生命运的不二法门。因此《了凡四训》中云谷禅师所授立命之说，“乃至精至邃，至真至正之理”，吾辈当“其熟玩而勉行之，毋自旷也”。

三、通过《论语》看学习之道

《论语》是中华民族的宝贵文化遗产，内容涉及政治、教育、文学、哲学以及立身处世的道理等多个方面。作为中国古代最伟大的思想家和教育家，孔子创建的儒家思想不仅对中国几千年来的思想和文化传统有着深刻的影响，对世界也有很大的影响。

《论语》记载了孔子的思想和言行，反映了早期儒家思想的基本面貌，从中我们不仅可以了解孔子和早期儒家的社会道德理想，以及教育、艺术等方面的主张，而且可以真切地感受孔子和早期儒家的政治智慧与生存智慧。

其中孔子关于学习方面的论述更是精辟。《论语》中提到“学”的地方有很多，但这些“学”与现代汉语中的“学”有很多不同之处，《论语》中的“学”并不是简单的“学习”或者“学问”，概括起来主要有以下几点。

1. 学习的目的

《论语》中处处提到对“道”和“仁”的追求，在讲到“学”的时候更为明显。因而，《论语》中的“学”，最终的目的是对“善道”的追求。

《论语・泰伯》中说：“笃信好学，守死善道。危邦不入，乱邦不居。天下有道则见，无道则隐。邦有道，贫且贱焉，耻也；邦无道，富且贵焉，耻也。”是说要坚定信念，并努力学习，誓死守卫并完善治国与为人的大道。不进入政局不稳定的国家，不居住在动乱的国家。天下有道就出来做官；无道就隐居不出。国家有道而自己贫贱，是耻辱；国家无道而自己富贵，也是耻辱。《论语・述而》中说：“德之不修，学之不讲，闻义不能徙，不善不能改，是吾忧也。”就是说，品德不去修养，学问不去讲习，听到正义的事不能去做，有错误不能改正，这才是我们所忧虑的事情。在孔子看来，学习的目的也在于对道义、真理的追求，“士志于道”，“朝闻道，夕死可矣”（《论语・里仁》）。

孔子认为，学习必须有明确的目的，但重点在于“学以致用”。《论语・子路》中提到：“诵《诗》三百，授之以政，不达；使于四方，不能专对；虽多，亦奚以为?”也就是说，熟读《诗经》三百篇，让他处理政务，却不会办事；让他当外交使节，又不能独立做主应对；这样，虽然书读得很多，又有什么用处呢？由此可见，孔子认为，读书的目的，不在于死记书本内容，而在于应用，在于实践，在于“举一反三”地灵活运用知识。

关于这一思想，在孔子的学生子夏的思想中有所表现。子夏曰：“仕而优则学，学而优则仕。”（《论语・子张》）也就是说，做官还有余力的人就可以去学习，学习有余力的人就可以做官。这一思想实质上也体现了学与用的关系——要想当好官必须学习，学习的目的应是更好地当官，体现了学习与应用的关系，也体现了孔子办私学的目的，即通过教育培养德才兼备的人才，让他们登上政治舞台或做教师培养政治人才。

2. 学习的态度

孔子认为，追求学问首先在于爱学、乐学，这是关键。孔子曰：“知之者不如好之者，好之者不如乐之者。”（《论语·雍也》）是说懂得的人不如喜好的人，喜好的人不如以它为乐的人，即真正喜欢它的人，为它而快乐的人才能真正学好它。

其次，要勤勉，严于律已，不求丰食足禄。子曰：“君子食无求饱，居无求安，敏于事而慎于言，就有道而正焉，可谓好学也已。”（《论语·学而》）还要“默而识之，学而不厌”。（《论语·述而》）即学习要有踏踏实实的精神，默默地记住学到的知识，努力学习而不满足。事实上孔子自己就是“发愤忘食，乐以忘忧，不知老之将至”的人。（《论语·述而》）

最后，要虚心求教，不耻下问。孔子曰：“三人行，必有我师焉。择其善者而从之，其不善者而改之。”（《论语·述而》）这说明学无常师，应随时随地注意向他人学习，取人之长，补己之短。同时，孔子提倡和赞扬“敏而好学，不耻下问”的学习精神。孔子就是一个虚心求教的人。

3. 学习的方法

孔子在和弟子的交谈中多处提及学习方法问题，最著名的莫过于“学而时习之，不亦说乎?”（《论语·学而》）“温故而知新，可以为师矣。”（《论语·为政》）与此同时，孔子还特别强调学思结合，勇于实践。他说：“学而不思则罔，思而不学则殆。”（《论语·为政》）只学习而不思考就会感到迷惑，只思考而不学习就会迷惑不解。要求人们把学习和思考相结合，不能偏废。另外，孔子还非常重视精益求精，反对一知半解，浅尝辄止。

4. 学习的内容

关于学习的内容，《论语》中直接提及的比较少，但我们可以对相关内容加以分析，从而找到其关于学习内容的论述。

子曰：“小子何莫学夫《诗》?《诗》，可以兴，可以观，可以群，可以怨。迩之事父，远之事君。多识于鸟兽草木之名。”（《论语·阳货》）

子所雅言，《诗》《书》、执礼，皆雅言也。（《论语·述而》）

由上面的文字可以看出，《论语》中“学”的内容是诗、书、礼、乐等“雅言”。

另外，孔子主张学习要博，要广，不能偏颇、单一。他提出要以“文、行、忠、信”作为自己的学习纲要。即文化知识、品德修养、忠诚笃厚、坚守信约，这四项内容对于自己和他人都具有重要意义。孔子在重视博学的同时，也强调学习要抓根本的东西，子曰：“赐也，女以予为多学而识之者与?”对曰：“然，非与?”曰：“非也，予一以贯之。”这里孔子在回答子贡的问题时，说明自己是在多学的基础上，用一个道理来贯穿整个学说的，这个道理就是学习的根本，学习重在抓住根本。在这里，孔子间接地说明了博与精的关系，很值得借鉴。

第二节　让传统文化进课堂

一、传统文化的重要性

众所周知，中华传统文化源远流长，博大精深，它是无数圣贤生命情感的积淀。中国传统文化所追求的是一种真、善、美的人生境界，它注重生命的存在、个人的德行、人生的价值和意义，是人生的智慧之学、安身立命之学。

传统文化不是道德说教，而是春风化雨；儒家教育不仅不排斥技艺，而恰好寓于礼乐射御书数等技艺中。孔子主张不愤不启，不悱不发，孟子主张以意逆志，深造自得。《礼记·学记》把教育的社会功能概括为十六个字："建国君民，教学为先"；"化民成俗，其必由学"。教育功能的两个方面：第一是培养国家所需的人才，提倡人才的全面性，第二是形成良好的道德风尚与人文环境。这两者又是相互联系、交叉整合的。

中国人重视家风、家教。著名国学大师彤先生在讲述自己的学养时，首先讲了四个字："幼承庭训"，这就是幼儿时代所接受的家教，启蒙教育，古代称为"正蒙"，即从蒙童起就应加以培养。国学教育要从娃娃抓起，这主要依赖于家庭教育、学校教育与社会教育。我国的诗词歌赋、棋琴书画，对幼儿、少年、青年乃至成年人的性情的培养都颇有益处。现代社会需要博雅教育、心性修养教育与君子人格的培养。让儿童与少年愉快地适当地背诵一点蒙学读物、古代诗词与《论语》等，会使其终身受益。对传统文化的学习，能帮助青少年形成正确的世界观、人生观和价值观。

二、青岛三十九中践行让传统文化进课堂

在近代中国，传统文化在几经否定和批判之后，终于在 21 世纪迎来了

复兴。时下，“国学热”在各地方兴未艾，诵读经典在青少年中蔚然成风，而我校也在积极践行将传统文化引进课堂，为继承和发扬传统文化做一些有益的探索。

1. 高校“联姻”传承文化

教育是文化传承的重要载体，校园是文化传播的重要场所。近年来，青岛三十九中主动和高校联姻传承高雅文化，努力挖掘、开发青岛本土文化，他们与中国海洋大学达成“资源共享、共同传承、联合攻关、保护国宝”的共识，特聘中共中央党校、中国海洋大学等学校中研究传统文化的名师和专家为学校的兼职教授，邀请知名学者王蒙、余光中、刘俞莉等在青岛三十九中就传统文化做专场报告。目前，我校还和青岛市博物馆、文化馆等开展合作，并开展课题研究，探索青岛市本土文化。

2. 国学、国粹进课堂

“弟子规，圣人训；首孝悌，次谨信；泛爱众，而亲仁；有余力，则学文。”开学当天，青岛三十九中的校园传来琅琅的读书声，在新学期，学校把传统文化教育纳入日常教学，以《弟子规》《论语》等传统教育经典为教材，安排专门的教师和课时，深入开展传统文化教育活动。活动要求以理解、背诵《弟子规》等传统教育经典为切入点，重在实践，活学活用，让中国优秀传统文化真正走进校园、走进课堂、走进学生的生活。

如课堂上，我们选择让学生解读中华传统文化经典。老师和学生可以把其中晦涩难懂的文言文排演成一幕幕生动有趣的情景剧，以提高学生的兴趣，消除学生对传统文化的距离感与陌生感。

将传统文化引进课堂不仅有效拓宽了教学内容，同时对改进教学质量也有实效。我校白刚勋校长表示，当前，注重经济建设发展，文化建设相对滞后的现象比较明显，文化的消亡对一个民族来说十分可怕，将传统文化引入课堂，显然有益无害。传统文化中的部分内容或许已经过时，但基本的伦理思想仍是一脉相承的，引进时慎重选择，力求学生能学易懂，对德育教育很有现实意义。对于课堂上引进本土文化，白校长认为，青岛本土文化底蕴深厚，因此学校高度重视，并与文化、教育等相关部门形成了良好的互动，以期更好地挖掘和继承本土文化。同时，将本土文化引进教学中，让学生了解、熟悉当地文化，这也是对本土文化一种很好的保护与传承。

附

《中国传统文化》校本教材开发实施方案

一、开发背景

当前，社会发展情况发生了复杂而深刻的变化。多重因素交织在一起，使得道德教育面临空前的困惑与迷惘。某些中学生出现了道德失范、文明失落的倾向。传统文化正遭遇“遗忘危机”，传统文化的思想精髓在德育“传统模式”中被扭曲。因此，在现阶段开展教育工作应当重视发掘我国传统文化的优秀内涵。

中华民族有着五千年的悠久历史，祖先给我们留下了源远流长、博大精深的中华文化。然而，面对西方外来文化，我们既不能因为曾有一个辉煌的古代文化时期而“夜郎自大”，更不能因急功近利而盲从。面对世界范围内各种思想文化的相互激荡，我们必须把弘扬和培育民族精神作为文化建设极为重要的任务，纳入国民教育全过程，纳入精神文明建设全过程。

根据调查，大部分学生对祖国与民族的优秀传统文化知之甚少，古文化常识严重不足。而在弘扬传统美德方面也不尽如人意，对一些基本的社会公德处于一知半解的状态。特别是在市场经济的消极因素影响下，拜金主义思想有所抬头，享乐主义思想有所表现，如超前消费、怕苦怕累、浪费现象严重等。集体主义观念薄弱，个人至上，为自己想得多，为他人想得少。缺乏社会公德，道德意识有待加强。对于这些现象，如任其发展，后果将不堪设想。

二、指导思想

《中华人民共和国教育法》第七条明确规定：“教育应当继承和弘扬中华民族优秀的历史文化传统，吸收人类文明发展的一切优秀成果。”可见，加强中华传统文化教育早已被国家摆在了突出的地位。

传统文化校本教材开发，是在确保贯彻国家课程标准，使学生打好必备知识基础的前提下，以地方课程为依据，根据学校实际所开发的课程，其以学生发展为本，符合学生个性、特长发展的需要，旨在体现学生的主体性，提高学生的综合素质。

对传统文化校本教材的开发，要力求满足每个学生的要求，使学生形成更好的读写能力、终身学习能力和社会适应能力。

对传统文化校本教材的开发是学校和教师自身发展的需要，是培养学生创新精神和实践能力的需要，是全面实施新课程改革的需要。

中华民族历来是一个注重文明教化的民族，在树德务滋中化民成俗，在润物无声中春风化人。“只有民族的，才是世界的。”所以，我们认为，即使到了21世纪，我们仍然要倡导学习、继承和弘扬中华民族的优秀传统文化。让我们的学生在灵魂深处夯筑起民族文化殿堂的基础，初步形成具有中国特色的社会主义价值观、人生观和世界观。

三、开发目标

传统文化校本教材的开发，将丰富学生的学习内容，让学生有更多的时间和机会获得快乐读书的体验，培养学生收集、分析、整理信息及欣赏、创造、解决问题的能力，使学生养成合作、分享、积极进取等良好的个性品质。因此，为学生终身学习与发展奠定基础，让学生热爱读书，学会学习、学会生活、学会做人、学会审美、学会创造，将作为传统文化校本教材开发的总目标。

1. 弘扬中华民族文化，增进对中国悠久历史、文化等方面的认识和了解，培养民族自豪感。

2. 发扬诚信、仁爱、正直、宽容的民族精神，培养良好的学习和生活习惯，培养社会责任感。

3. 提高文化素养。

4. 举止优雅，戒骄戒躁；树立良好的人生观和世界观；注意各方面修养的培养，提高综合素质。

5. 培养对中国传统文化的兴趣，锻炼创造力、想象力、理解力。

6. 提高社区的人文素质和人文修养，改善社会风气。通过诵读经典、研究传统文化，培育良好的道德品质，静化浮躁的心灵，滋养活泼的性情，陶冶审美情趣。

四、教材内容的选编

1. 教材内容的选编原则

各年级从学生的实际出发，根据年级主题，选择思想健康、情感丰富、激发人们积极向上、艺术价值较高、能给人以启发的内容。

（1）生本性原则

国家课程由于其统一性、规定性和单一性，往往顾及不到具体学校学生的兴趣爱好、实际水平和发展需求，因而长期以来作为受教育者的学生，很少有选择接受什么样的教育的权利，一些学生苦学、厌学也在情理之中。校本课程开发的目的就是要改变学校教育远离学生生活实际、发展水平、发展需求的课程运行模式。基于中国传统文化的校本课程开发充分尊重学生的个性差异，以学生更充分、自由的发展为目的。在具体的实践过程中，我们也始终以学生的需求为本。

（2）趣味性原则

传统文化校本课程的开发要照顾到学生的心理。课程的内容要丰富多彩，富有吸引力，能使学生产生浓厚的兴趣。所以教材内容要尽可能具体、形象、生动、活泼，在课程的实施过程中，我们还要时时关注学生的学习感受、兴趣、乐趣，真正让学生学有所乐、学有所得。

（3）教育性原则

传统文化校本课程应具有认识、审美、娱乐和教育的功能。随着课程的实施，应能促进学生全面和谐地发展。

2. 教材内容的编写建议

建议初中教材的内容以主题活动为主，以适合诵读的国学教材和故事性较强的传统文化知识为主。

高中教材内容应以探究传统文化的深刻内涵和传统文化的现实价值及东西方文化研究为主。

五、课程实施的方法

讲授式教学、讨论式教学、探究式教学

六、课程实施的策略

1. 根据教学内容进行合作教学或单独教学

教师应尽可能地进行合作教学。合作教学不仅有利于提高教学质量，也有利于不同学科教师之间通过充分的交流相互学习，增进团队精神，这也是创建学习型组织的可行途径。

2. 充分利用现代化信息技术

本校具有较好的现代化教学媒体，教师可以充分利用这些资源为学生提供多元的学习渠道。

3. 课堂内外相结合

通过汇报演出、参与社区活动等多种渠道获得家长和社区的支持。一方面为学生的实践创造条件，另一方面获得家长和社区的支持。

4. 重视良好学习方式的培养

本次课程改革重视学习方式的改革，为此，校本课程的教学需为学生创造条件，以培养学生自主积极的学习态度、合作意识、基本技能、勇于探索和敢于质疑的态度。

笑谈西游几人物

《西游记》因其神魔内容、幽默笔调，深受众人喜欢。虽然也有很多“大家”不欣赏《西游记》，但经典的魅力，还是值得我们玩味的。

我读《西游记》，是在读《三国演义》之后。读《三国演义》是在考试期间，因而对于其中的人物性格，并没细细揣摩。而读《西游记》，则是在放假期间。时间充裕、一气呵成，因而喜爱也颇多。

《西游记》给我的最大感触就是好玩儿、幽默，比《三国演义》有意思多了。之所以有这种感觉，关键在于这本书的语言。《西游记》行文流畅，语言易懂，书中语言落实到具体描写上，就是对人物形象的刻画。我认为，《西游记》中的人物，虽有一部分鬼怪是为了衬托主人公而存在，或为了故事情节的需要而添加的，但其中也不乏性格鲜明的例子。

如第三十三回中，银角大王派去收孙悟空的两个小妖，一个叫伶俐虫，一个叫精细鬼，两小妖拿了两位大王的宝物，去把孙悟空“装将来”。这两个小妖就很有性格。他们遇到孙悟空变的老真人，还被其绊了一跤。一般人遇到这种情况可能会有两种反应：一是爬起来看一眼，见是一个老道，自己有任务在身，便直接走了；二是脾气不好，被老道绊了一跤，会因生气而打起来。但是伶俐虫、精细鬼却没有，他们“爬起来，看见行者，嚷道：‘你怎么绊我一跌？’”嚷，有点小孩子发脾气的感觉。孙悟空也很幽默，说：“小道童见我这老道人，要跌一跌儿做见面钱。”小妖很可爱，问他：“我大王见面钱只要几两银子，你怎么跌一跌儿做见面钱？”然后他俩还自己觉得自己很聪明，推理说：“你别是一乡风，决不是我这里道士。”

孙悟空就顺着他们说自己是蓬莱山的，两个小妖一听是从蓬莱仙境来的道士，立马兴奋起来，但好像不太相信似的，说“蓬莱山是海岛神仙境界。”像是在考验孙悟空，其实是抑制不住自己心中的激动。怎见的？从“回嗔作喜，上前道”便可看出。看到孙悟空承认，他们不仅脸上、心里高兴，还主动往前走了几步，似乎想更近距离地看清蓬莱仙人的面容。“老神仙，我等肉眼凡胎，言语冲撞，莫怪！莫怪！”知道了眼前这位要特殊的见面钱的老道的来历后，小妖马上就崇拜得不得了，连说了两个“莫怪”，生怕亵渎了神灵。从这一段描写中我们就可以看出两个小妖的性格特点：天真、可爱，没有什么见识，容易被骗。而在这之后，孙悟空向他们打听情况的问答中，更加突出了两个小妖的性格特点，将这两个小人物进一步丰富化。

两个小妖很实在，孙悟空问什么，他们俩都如实回答，心里不存一丝戒备，此时作者就把孙悟空的心理和两个小妖的心理形成了一个对比。听了小妖说宝物的神通后，“行者见说，心中暗惊，却笑道：‘二位，你把宝贝借我看看。’”孙悟空此时是有心理变化的，他倒吸一口凉气，但是不表现在脸上。下面又接着写道“那小妖那知什么诀窍，就于袖中取出两件宝贝，递于行者”。两个小妖没多想，也没怀疑，孙悟空问他们要，他俩就大大方方地给，可以看出其二人很实诚。孙悟空这时候又动起了脑筋，他识得是好宝贝，但是又觉得自己光天化日之下抢了去，有点不妥，就想了一个对策，变出了“一个一尺七寸长的紫金红葫芦”。孙悟空不明就里，觉得葫芦越大越好，幸亏两个小妖提醒。“那伶俐虫接在手里，看了道‘师父，你这葫芦长大，有样范，好看，却只是不中用。’”孙悟空不明问其原因，两个小妖就对孙悟空说起了自己的宝贝能装“千人”的本事。孙悟空将计就计说自己的葫芦“连天都装了里面”。小妖天真，听了孙悟空的吹嘘后信以为真，觉得人家的东西比自己的好，就想去换。精细鬼实在，说：“他装天的，怎肯于我装人的相换？”结果没想到伶俐虫更实在，说：“若不肯呵，贴他这个净瓶也罢。”拿两个换一个。

这让我们觉得，他俩的性格跟自己的名字完全不符，不伶俐、也不精细，反而是两个实在、单纯的小妖。我们之所以有如此感性的体会，是因为作者在塑造人物形象时，把他们的性格写活了。让我们觉得他们不是一些为凑字数而胡写出来的没有性格，无血无肉的“纸妖怪”，而是一些立体的人物。仅仅是《西游记》中两个小小的配角，作者尚且把他们写得如此活灵活现，那么全书的核心人物呢？

与《水浒传》《三国演义》不同，《西游记》中的主要人物是唐僧师徒四人。所以他们分得的笔墨自然就多一些。那么作者在刻画主人公的性格时，是不是就比《水浒传》《三国演义》差呢？

我的答案是，不差。

我不喜欢唐僧，倒不是嫌他太唠叨，而是作者“写”得太让我讨厌了。

让读者对书中的人物有深刻的感情，说明人物形象塑造很成功，不论读者对他是爱是恨。

我对唐僧这个人物形象的认识可以用以下24个字概括：

白白胖胖、唯唯诺诺、胆比蚁小、糊里糊涂、疑神疑鬼、絮絮叨叨

第一个词“白白胖胖”是用来形容唐僧的外貌的。读《西游记》后，我发现唐僧其实长得并不帅，不过是“白白胖胖”而已。大家可能要问了，既然唐僧长得并不帅，为什么那么多美女妖怪、美女国王要争先嫁给唐僧呢？我认为原因有以下两点。

一是她们找唐僧都有各自的目的和客观原因。如女儿国里没有一个男人，女国王是为了讨一个男国王，而琵琶精是为了沾些仙气。

二是因为唐僧的三个徒弟没一个长得像人。他们丑到“把那些妇女们唬的跌跌爬爬”的程度了。所以在三个徒弟的对比之下，大家自然而然的认为唐僧是很漂亮的。

我觉得《西游记》塑造人物形象最妙的地方在于，它没有一点正面描写主人公的外貌，都是侧面描写，但在我们心中，一个个人物却活灵活现。如写唐僧，第一次写他的外貌，是在唐王赠与唐僧袈裟时，他穿上后“威仪济济，瑞彩纷纷”。第二次是从女儿国的驿丞口中说出：“相貌堂堂，风姿英俊，诚是天朝上国之男儿，南瞻中华之人物。”虽然没有写他鼻子多高，眼睛多大，但是写出了唐僧的气质，将他的“神”写了出来，“形”自然就具备了。

“胆比蚁小”是唐僧性格的体现。在他辞别唐王上路后，没走多久，唐僧就开始害怕了，作者用“悚惧”二字描写唐僧当时的心理。那个时候他还没遇到妖怪，后来妖怪出来了，他又怎么样了呢？“这法师战战兢兢。”

等他看到那个魔王“凶恶”的面容时，早就被唬得魂飞魄散啦！而后，他的两个随从被妖怪吃掉了，他又“几乎唬死”。吓得差点死了，可见还是比较胆小的。

这是第一难。

第二难遇虎，多亏一个猎人相助。而猎人向他走过来时，他却“跪”在路旁，合掌“高”叫道：“大王救命！”最让人叫绝的是次日猎户送唐僧西去的一段描写。因为国界原因，猎人无法远送，只好和唐僧话别。“三藏闻言，滚鞍下马道：‘千万敢劳太保再送一程。’”他不敢自己一个人走，猎人解释了原因，唐僧又有怎样表现呢？“三藏心惊，轮开手，牵衣执袂，滴泪难分。”可见他心里害怕，不敢一人上路。作者虽没直接写唐僧是如何害怕的，但却从他的动作入手，让我们感受到了他的心理变化。这是多么成功的人物描写！让我们看到了很胆小的唐僧。

我认为“糊里糊涂、疑神疑鬼、絮絮叨叨”是唐僧这一人物形象最突出的性格特点。小说第十四回，师徒俩第一次闹矛盾的时候，孙悟空就是因为他的“絮絮叨叨”才驾云离去。唐僧开始肯定没想让孙悟空走，但他又克制不住自己的絮絮叨叨，最后把孙悟空气走了，自己孤零零坐在那里懊悔。这不是糊涂是什么？而唐僧的多疑在字里行间也都可以感受到。

比如，后来遇到平顶山挡道，他道：“徒弟们仔细。”在黑水河前，他又突然问：“徒弟呀，又是那里的水声？”孙悟空回答说：“师父你也忒多疑。我们一同四众，偏你听见什么水声。你把那《多心经》又忘了也！”然后给他指出，“师傅，你忘了一句‘无眼、耳、鼻、舌、身、意’。我等出家之人，眼不视色，耳不听声，鼻不嗅香，舌不尝味，身不知寒暑，意不存妄想。如此，谓之祛褪六贼。你如今为求经，念念在意；怕妖魔不肯舍身。要斋吃，动舌；喜香甜，嗅鼻；闻声音，惊耳；睹事物，凝眸。招来这六贼纷纷，怎生得西天见佛？”为什么说唐僧多疑，因为他的怀疑往往都是没用的，而当真的危险在就眼前时，他又觉察不出来。如红孩儿、女妖怪等请求唐僧帮助时，他都欣然应允，此时的他要是能心存戒备，就不会惹来杀身之祸了。

唐僧的这种性格特点还特别表现在处理猪八戒的话和孙悟空的过错上。如第二十七回“尸魔三戏唐三藏　圣僧恨逐美猴王”中孙悟空第一次打死白骨精变的美女后，指出她送的食物是长尾蛆、癞蛤蟆变的时，唐僧“却有三分儿信了”，但是经八戒一句调唆，他马上又改信八戒，不信孙悟空，并念起了“紧箍儿咒”。这也是为什么很多帝王喜欢听信小人之言的道理吧。等孙悟空第三次打死白骨精变的老头时，又是这般，但这次更严重，他直接听信了八戒的谗言，把孙悟空逼走了。孙悟空能屈能伸，可以走，但是他要唐僧给他解去金箍，此时的唐僧什么样呢？作者是这样写的：“唐僧见他言言语语，越发恼怒，滚鞍下马来，叫：‘沙僧，包袱内取出纸笔。’”“写了一纸贬书。”可见和尚的修行也不是很高嘛！还是会被外物所动摇，以物喜，以物悲。

唐僧可以在寺中侃侃而谈，笑谈佛经，但现实中却是一个这样的人。所以我们往往会被外表所蒙蔽，不能追究其根源，细察其纹理，从而体会、发现一些关键的细节。

但是，唐僧的优点还是很多的，如诚信。关于这一点，书中有两处例子，两处皆是他离京时立下的誓言。

第一个是唐僧辞殿后与他的徒弟说：“徒弟们，我去之后，或三二年，或五七年，但看那山门里松枝头向东，我即回来，不然，断不回矣。”果然应验，唐僧返回之时，松枝头“一颗颗头俱向东”。

第二个是临行前唐僧在正殿佛前礼拜道：“今立誓：路中遇佛拜佛，遇塔扫塔。”在后来的旅途中，唐僧也正是如此做的，这点，值得我们大家学习。

从唐僧这个人物来看，作者写得若真人一般，让我们可以去品察、去深究。

关于孙悟空，我认为其形象可用28个字概括：

黄黄瘦瘦、毛脸雷公、威风凛凛、心比发细、谨谨慎慎、幽默风趣、委委屈屈

“黄黄瘦瘦、毛脸雷公”是孙悟空的外貌。对于孙悟空的外貌，书中没有明确的、细致的正面描写，说他“黄黄瘦瘦、毛脸雷公”还是从每每与他交战的妖精口中所知。大家以前听说大闹天宫的孙大圣多么威武、骁勇，可是一见面，总是让人大跌眼镜。如第二十一回中，黄风老妖出门迎战大圣，仔细观看他的样子，却是这般面容：“行者身躯鄙猥；面容羸瘦，不满

四尺。”老妖马上哈哈大笑，说：“可怜，可怜。我只道是怎么样扳翻不倒的好汉，原来是这般一个骷髅的病鬼!”他把孙悟空比作骷髅病鬼，可见孙悟空的确不魁梧。又哪里说他长得像雷公？唐僧收了孙悟空后投宿的第一户人家的老者“看见行者这般恶相，腰系着一块虎皮，好似个雷公模样，唬得脚软身麻，口出谵语道：‘鬼来了，鬼来了!’”可见孙悟空长得确实不好看。

唐僧在五行山上发现孙悟空的时候，“只见他尖嘴缩腮，金睛火眼。头上堆苔藓，耳中生薜萝。鬓边少发多青草，颔下无须有绿莎”。这段描写虚是写大圣的落魄，实则是从此般境地中折射出大圣昔日大闹天宫的光辉。但孙悟空给我们的印象是威风的。不论他长得如何，他在挥舞着金箍棒搅和天地时，他在舍命保护唐僧时，他在雷音寺受封时都是昂着头，挺着胸，威风凛凛的。这就是为何孙悟空自号“美猴王”。

孙悟空这个形象是比较明朗的。心细，在于他察世的敏锐；谨慎，在于他处世的小心。他在探路时善于观察巡山的小妖，注意小妖的打扮、去向、目的，甚至连他们的“腰牌”都注意到了。这心思，不是比发丝还细致么？发现妖怪的藏身之所后，他不贸然行动，总是先变成一只小虫去打探虚实，这难道不是做事谨慎的表现吗?

孙悟空爱开玩笑，富有幽默感，常常读到他的一句话，或者一个小动作时，都会忍俊不禁。如第九十七回中，师徒四人被官兵缉拿，送进监狱，唐僧不知如何是好，便问孙悟空：“这是怎么起的?”孙悟空早已心中有数，但他不着急告知师父，却过去笑着对唐僧说：“师父，进去！进去！这里边没狗叫，倒好耍子!”然后又让唐僧把袈裟拿去贿赂狱卒。自己原神却跑出去吓唬县令，同时帮助自己一行人洗清了冤案。你说他办事有没有趣？有时还真有点无厘头。

要说委屈，孙悟空在唐僧这里真受了不少委屈。原本是叱咤风云的齐天大圣，如今却受一个和尚管治，整天唠唠叨叨不说，动不动就要念紧箍儿咒。这也就罢了，但唐僧还不明事理，经常被妖怪迷惑，再加上八戒的调唆，孙悟空便经常“背黑锅”。但也正应了唐僧的话，孙悟空先前作孽太多，这些委屈，只作是修炼、打磨罢了。

孙悟空这一形象让我觉得最突出的一点就是他对自由的追求。

文中首先写到的就是孙悟空闹地府，求长生。孙悟空刚称霸花果山，在与“群猴喜宴”时，他忽然忧恼，垂下泪来。是什么令他如此伤心呢？他自己解释道：“今日虽不归人王法律，不惧禽兽威服，将来年老血衰，暗中有阎王老子管着，一旦身亡，可不枉生世界之中，不得久注天人之内？”可见，孙悟空是连命运轮回都不服的。在他眼中，“我”就是一个独立的个体，我要的就是自由，所以才有了后来的拜师学艺，篡改生死簿。

自由还表现在他的放荡不羁、随心所欲上。人管不了“我”，规矩又怎能束缚“我”？所以孙悟空才会想吃蟠桃就吃个够，想吃金丹就吃个饱。弼马温想干就干，不想干就走。

此外，最重要的一个方面，就是孙悟空一直想努力摆脱紧箍儿咒的束缚。

玉帝奈何不了孙悟空，请出如来帮忙，如来便用五指山压住他，菩萨更是知道向往自由的孙悟空不甘于老老实实跟着唐僧，于是以金箍束缚他，这金箍就是孙悟空通向自由的枷锁，所以他时时刻刻想打开它、摆脱它。遇到白骨精受冤枉后，孙悟空觉得什么真相、清白都不重要，他提的唯一一点要求就是要唐僧念一个“松箍儿咒”还他自由。第五十六回，孙悟空杀了几个毛贼，又被唐僧赶走，他却自己跑去找菩萨了，目的为何？还是为了解开金箍，还他自由。正因为这点，孙悟空这么一个感性的形象才给我们留下了如此深刻的印象。

从孙悟空身上我学到了他的一些优点：“事业进取心”和“企业管理理念”。

第一回，众猴寻得水帘洞，却无人敢进，此时孙悟空挺身而出，“瞑目蹲身，将身一纵，径跳入瀑布泉中”。这正是我们现在创业所提倡的大无畏精神，“不入虎穴，焉得虎子”？

后来他当了弼马温，觉得官小，大材小用，便又提出要当“齐天大胜”。后经菩萨指点，保唐僧西天取经，也是为了功德圆满后，修炼成佛，所以孙悟空的一生，我们可以称之为一个不断进取的过程。

还有，当大家都跟着孙悟空进了水帘洞，都在享受成果的时候，孙悟空提出：“我如今进来又出去，出去又进来，寻了这一个洞天与列位安眠稳睡，各享成家之福，何不拜我为王？”当一个事业领头人开发出新项目，大家都可以经营这个项目赚钱时，领头人自然而然要站出来统领大家，带着大家将这个项目进行得更好。而孙悟空就是一个很好的领导者，他虚心听取下属的意见，拜师学艺，努力提高自身修养和能力水平，同时锻炼队伍，提高团队整体水平。他还很友好地和其他山寨的魔头接触、学习，让手下的小猴和其他小妖操练，以达到“实战演练”的效果。正因为孙悟空的正确领导，在随后与天庭的作战中，“花果山军”才能显得游刃有余。

孙悟空这一人物的塑造，可以说是空前绝后的。

再说说八戒和沙僧。这两个人物在我们的现实生活中应该是有依托的，尤其八戒的“色，贪，懒，坏，反”都是我们性格上的一些陋习。

关于他的“色”，大家都很清楚。书中甚至用了整整一回的篇幅写菩萨们不信任八戒，用美人计去试探他，叫作“四圣试禅心”。结果他果然中招。

八戒的“贪”表现在很多方面，如他的贪吃、贪财、贪睡等。贪吃——可以把高老汉家吃穷；贪财——耳朵里都藏着银子；贪睡——在给师父化缘时都能在青石上睡着，可以说是“集万贪于一身”啊。

八戒的“懒”主要表现在干活上。遇到妖怪都是孙悟空打头阵，其实八戒的本事也不小，但他就是懒得动，每每都要孙悟空使点小计策，耍点小手段，或者用食物引诱他，他才肯去探路、降妖。

说到八戒的“反”，我觉得是小弟想翻身做大哥的真实写照。八戒是想当大哥的，所以他常常在背后调唆唐僧收拾孙悟空。

沙僧实在是一个大大的配角。全文对他的描写可能还没有一个妖怪多，但这也正是一部优秀作品所需要的，要是师徒四个，个个都性格鲜明，读者反而会觉得厌烦。这也正是《易经》的观念，要阴阳调和，有主，便要有副；有特殊的，就要有平凡的。处理好这些矛盾、关系，才能成为一部优秀的作品。

对人物的刻画，文中还有许多侧面值得我们玩味。比如，为什么是八戒挑担，沙僧牵马？又比如，三个徒弟刚开始接触取经人时的态度。

孙悟空看到唐僧来了，大叫：“我师父来也，我师父来也!”

八戒呢？听得取经人就在此间时，他是，“丢了钉耙，唱个大喏”。

沙僧则是笑盈盈，上前做礼。

从他们对待取经人的态度上，也可以折射出人物的性格特点。

其实，在《西游记》中，每一个人物与另一个人物之间都是有联系的。在孙悟空出现之前，唐僧全然没有显性，不过是一个普普通通的和尚，没有一点性格可言，更不会让我们记住。《西游记》是一本以人为本的书，全书的构思是用人物串联起来的。在本书中，前一回中出现的妖怪、人物，后面一定不会让他就此销迹。在本文前半部分出现的黑熊怪，被观音收走后也许连读者都已经忘了他，但是在书的后半部分孙悟空和唐僧闹别扭后去找菩萨诉苦的时候，作者是让黑熊怪指引孙悟空去见菩萨的，能说这段描写是废笔吗？当然不是。在第四十九回写师徒四人被老鼋载着渡河时，唐僧曾应允老鼋替它问一问佛祖几时可得人身，这是一处伏笔。作者在第九十九回“九九数完魔灭尽　三三行满道归根”中提到唐僧一行人劫数未满，尚少一难。怎么办？此时就又提起老鼋，让其帮助师徒四人完成归真，同时这一难又是下面取得有字真经的前因，不能不说全书不是形散神聚的。

所以，我们撇开《西游记》的思想意义不谈，单是它的文学性、对人物的塑造及全书的构思，都堪称经典。

参考文献

[1] 张爱卿. 论动机的培养与激发 [J]. 教育研究与实验，1996 (02).

[2] 王海平. 新加坡倡导“少教多学”教学理念 [J]. 中国民族教育，2010 (09).

[3] 陈曦. “少教多学”——新加坡教育改革新视角 [J]. 外国中小学教育，2008 (7).

[4] 张小菊. 新加坡“少教多学”教学理念的启示 [J]. 中国成人教育，2008 (16).

[5] 于红霞，何志波. 素质教育改革：从量到质的转变——谈新加坡“少教多学”教育改革 [J]. 辽宁师范大学学报 (社会科学版)，2010 (5).

[6] 王海平. 新加坡“少教多学”教育政策的内涵及其启示 [J]. 教育研究与评论 (中学教育教学版)，2010 (6).

[7] 汪惠迪. 少教多学和生本教育 [J]. 现代教育论丛，2007 (9).

[8] 管亚明. 先学后教自主建构 [J]. 小学教学参考，2010 (24).

[9] 李东生. “少教多学”的教学体验 [J]. 湖南中学物理·教育前沿，2009 (16).

[10] 肖开选，范斌，周艺娟. 智慧不能言传——少教而多学教学观之我见 [J]. 考试周刊，2007 (48).

[11] 张葵明. 生本课堂教学模式下的小组合作学习——《尿液的形成与排出》教学案例反思 [J]. 丝绸之路，2010 (16).

[12] 寇平平. 论“少教多学” [J]. 呼伦贝尔学院学报，2001 (4).

[13] 黄新生. 少教多学刍议 [J]. 浙江师大学报 (自然科学版)，2000 (Z1).

[14] 施铁军，王仁甫. “教师少教，学生多学”是有效教学策略[J]. 上海教育科研，2008 (4).

[15] 白俊红. 教师少教，学生多学 [J]. 考试周刊，2009 (43).

[16] 李建杰. 让爱与智慧的交融成为家庭教育的主旋律 [J]. 经济技术协作信息，2009 (24).

[17] 高欣，学会肯定和接纳孩子 [J]. 天风，2003 (06).

[18] 陈维欣. 培养幼儿关爱他人的良好品质[J]. 教育评论，2003 (2).

[19]（德）卡尔·威特著. 卡尔·威特的教育（“教育 1+1”白金版）[M]. 方舟译. 北京：朝华出版社，2010.

江苏凤凰教育出版社
《行知工程》系列丛书目录

系列	序号	书名	主编	定价
鲁派名师·教育探索者系列	1	《教育智慧何处来——一位特级教师的思考手记》	付立金	30.00
	2	《和雅文化——校本课程的创新构建》	汤善香	30.00
	3	《让个性绽放精彩——学校课程体系整合与创生》	谢建伟　徐淑萍	30.00
	4	《让每个学生都幸福——最能润泽生命的学校文化建设》	谢建伟　张新喜	30.00
行思讲坛系列	5	《灵动而朴素地教语文——潘文彬的微格教育生活》	潘文彬	30.00
	6	《师爱无疆——润泽学生心灵的教育故事》	侯忠彦	30.00
	7	《怎样反思更有效——促进教师专业发展的反思策略》	诸贝贝	30.00
	8	《成为高度自觉的教育者——写给后课标时代的数学教师》	许卫兵	30.00
	9	《哲思数学课》	刘全祥	30.00
	10	《把学生教聪明》	严育洪	30.00
	11	《教师最应该规避的教育误区》	杨坤道	30.00
	12	《用语文的方式教语文——潘文彬教学主张与实践智慧》	潘文彬	30.00
	13	《怎样让阅读教学更有效——提升教学能力的十种读诵模式》	汪秀梅	28.00
	14	《让生命在润泽中起舞——当代小学生最需要的主题班会》	吴联星　罗　琳　冯卫东	30.00
	15	《让生命欢快拔节——当代中学生最需要的主题班会》	冯卫东　吴联星	30.00
	16	《课堂因生成而精彩——高效教学的生成智慧》	张文质	30.00
	17	《回到每一个人的生命化教育——张文质二甲中学教育行动录》	张文质	30.00
	18	《智慧数学课——黄爱华教学思维的实践策略》	黄爱华	30.00
班级文化系列	19	《做幸福的班主任》	吕　丽	26.00
校园生态化系列	20	《点燃学习的激情——构建校园生态化学习型组织》	杨树岳	30.00
	21	《课改突围——构建学校生态化教学体系》	杨树岳	30.00
教学信息化系列	22	《巧用白板教语文——信息技术与语文教学操作指南》	蒋丽清	30.00
	23	《跨越式实现高效课堂——信息技术与课程整合高效教学方案评析》	陈　玲　刘　禹	30.00

系列	序号	书名	主编	定价
创新教学探索系列	24	《最能培养学生探究能力的课堂——小学科学与信息技术单元整体课程实施与评价》	李怀源	30.00
	25	《最能激发学生运动天赋的课堂——小学体育单元整体课程实施与评价》	李怀源	30.00
	26	《最能提升学生艺术素养的课堂——小学艺术单元整体课程实施与评价》	李怀源	30.00
	27	《打造有生命力的课堂——“两步八环节”教学模式探索与实践》	查联智	30.00
	28	《“生命语文”探索——焕发语文生命力的思考与实践》	王自成	30.00
	29	《粘连作文教学：让习作成为有个性的自我建构》	黄瑞夷	30.00
	30	《备学式教学——在体验中建构数学思维》	单广红　范雪梅	30.00
	31	《向着自主进发——自主教育的创新实施智慧》	朱亚红	30.00
	32	《写中学——让学习更有效的学科写作教学》	钟传祎	30.00
	33	《小学科学实验总动员——大科学课堂有效提升学生创新力》	江美华	30.00
	34	《小学语文单元整体课程实施与评价》	李怀源	30.00
	35	《小学英语单元整体课程实施与评价》	李怀源	30.00
	36	《小学数学单元整体课程实施与评价》	李怀源	30.00
教育新思考系列	37	《语文教育向何处去》	王　丛	26.00
	38	《教育，就是做好普通的事》	孙志毅	27.00
	39	《走出语文的偏见——让学生体悟文本的原义》	丛智芳	30.00
	40	《让语文教学更高效——批注式阅读教学探索》	韩中凌	30.00
	41	《读写互促——探寻学以致用的语文教学》	曹　龙	30.00
	42	《跳出数学教数学——用文化融通数学教学》	马建秀	27.00
教师必读系列	43	《教师必学的16堂修养课》	武宏伟	30.00
	44	《教师不可不知的教学心理效应》	叶勇军	30.00
	45	《班主任不可不知的管理效应》	奚一琴	30.00
	46	《教师不可不知的教育心理效应》	孙　媛	30.00
	47	《校长不可不知的管理效应》	谢申刚　张金豹	30.00
	48	《成为好教师的7项修炼》	王福强　李维华	30.00
	49	《如何让学生会学习》	龙　冰	30.00
	50	《如何让学生爱学习》	周震宇　许小燕	30.00

系列	序号	书名	主编	定价
名师感悟系列	51	《让心灵伴着歌声成长——22位音乐名师的教育智慧》	陈 璞	30.00
	52	《超越自我的教师——32位名师的成长感悟》	李卫东 李秀伟	35.00
	53	《心灵的守护者——19位名班主任的教育智慧》	王晓松 曲文弘	30.00
	54	《名师感悟班主任有效工作艺术90例》	符礼科	30.00
	55	《名师感悟有效教学90例》	林高明 徐玉烟	30.00
教育家核心思想系列	56	《多元智能理论的本土化应用》	刘治富	30.00
	57	《大教育家最具施教力的教学思想》	白刚勋	30.00
教育管理力系列	58	《“走”出教育的精彩：走动式学校管理文化构建》	罗 军	30.00
	59	《校长兵法：学校管理四十六计》	皮大鹏	30.00
核心教学主张系列	60	《新生代语文名师核心教学主张》	许友兰	30.00
学生心理解码系列	61	《孩子问题行为一点通 ——只有好老师才知道的学生心理谜底》	严育洪	30.00
高效能教学系列	62	《让作文落地生根——提高写作实效的教学策略》	黄桂林	30.00
	63	《高效能作文教学5项修炼》	陈步华	30.00
	64	《高效能校长的10个好习惯》	张 勤	30.00
	65	《高效能教师的10个好习惯》	谢 英	30.00
	66	《高效能语文教学5项修炼》	王其华	30.00
教育求索系列	67	《思政教学的人文力量》	戴晓华	30.00
	68	《师道新说——给教育者的30条箴言》	徐 卫	30.00
中国教育变革之路丛书	69	《百年树人师何为——教师队伍建设困顿与出路》	将丽珠 李玉向	30.00
	70	《入园何时不再难——学前教育困惑与抉择》	曾晓东 范 昕 周 慧	30.00
	71	《三尺书桌何处寻——流动人口子女教育困难与破解》	范先佐	30.00
	72	《苦旅何以得纾解——高考改革困境与突破》	郑若玲	30.00
	73	《择校纠结何时了——择校问题困局与治理》	曾晓东 周文海 曾娅琴	30.00
创新教学思想系列	74	《“大问题”教学的形与神》	黄爱华 张文质	30.00

系列	序号	书名	主编	定价
校长领导力系列	75	《高品质学校生长要素》	王益民	30.00
	76	《校长高校教学领导力提升策略》	徐世贵　郭文刢	30.00
教育漫笔系列	77	《课堂，诗意地栖居》	吴书华	30.00
新思维系列	78	《教育中的“不一定”——打破教育的19种思维惯式》	严育洪	30.00
教学全手册系列	79	《小学习作教学全手册》	郭家海	30.00
	80	《中学写作教学全手册》	郭家海	30.00
	81	《情境教学操作全手册》	冯卫东	35.00
	82	《合作教学操作全手册》	李春华	35.00
	83	《探究教学操作全手册》	周新桂	35.00
	84	《自主教学操作全手册》	诸葛彪	35.00
	85	《创新教学操作全手册》	王　玮	35.00
	86	《班主任工作全手册》	刘沛华	35.00
	87	《新教师工作全手册》	周震宇	35.00
	88	《学生心理健康教育全手册》	刘海莉　刘春杰	35.00
	89	《高效教学操作全手册》	马友平	35.00
校本研修系列	90	《特色校本课程开发范例解读》	刘永平　李秀伟 张雪梅	30.00
	91	《高效校本研修模型构建艺术》	刘素雁	30.00
	92	《走向实践的教研——中小学教育科研引领与应用》	江　敏	30.00
教学提升系列	93	《有思想地教阅读——让学生学会品读文字真意》	王学东	30.00
教育艺术提升系列	94	《藏在师生体态语言里的教学智慧》	张　宇　廖生波	30.00
幼师成长系列	95	《幼儿行为背后——教师如何读懂幼儿的心思》	吴亚英	30.00
	96	《最具教育力的22种幼儿教育思想》	杨　达	30.00
	97	《幼儿教师必知的安全应急措施》	杨　达	30.00
	98	《幼儿教师必备的教育技能》	李　玲	30.00
	99	《卓越园长21条幼儿园管理策略》	周　丹　江东秋	30.00

系列	序号	书　　名	主编	定价
创新人才培养系列	100	《创新人才培养校园科普精品课程开发与指导——人大附中创新人才培养》	罗　滨	30.00
	101	《创新人才培养特色校本课程开发与创新人才培养——清华附中“国际安全下的科学技术”课程构建与实施》	王殿军　方　研　赵宏雁	30.00
	102	《创新人才培养：学校实验室建设与管理》	刘克文　杨发丽　杨　平	30.00
	103	《创新人才培养：数学探究活动开发与指导》	马云朋　韩继伟	30.00
	104	《创新人才培养：化学研究活动开发与指导》	王　磊	30.00
	105	《创新人才培养：物理探究活动开发与指导》	廖伯琴	30.00
	106	《创新人才培养：地理探究活动开发与指导》	张建珍　陈　澄	30.00
	107	《创新人才培养：生物探究活动开发与指导》	张迎春	30.00
	108	《创新人才培养：理念探索与思维突破》	王晶莹	30.00
教育思想者系列	109	《教育，一切从孩子出发》	黄　俭	30.00
新生代通派名师系列	110	《简约数学教学》	许卫兵	30.00
	111	《语文教学的本真——情意课堂展现母语之美》	吴建英	30.00
	112	《语文课堂的理想追求——欢快达成三维目标》	董一红	30.00
	113	《阅读教学的真髓——意象构建读出文学的真美》	祝　禧	30.00
	114	《美术教育的真谛——审美人生教育让生命绚丽成长》	陈铁梅	30.00
	115	《语文教学的理想境界——无痕教学润泽生命》	李　凤	30.00
	116	《儿童作文的本义——嬉乐作文让儿童乐并成长着》	王笑梅	30.00
	117	《名师是怎样炼成的》	王建明　王笑君	35.00